Selbstfindung

Der umfassende Ratgeber zum Thema Selbstfindung und Selbstverwirklichung

Die Persönlichkeitsexperten

Inhaltsverzeichnis

Einleitung

„War das eigentlich schon alles?“

„Soll das jetzt mein ganzes Leben so weitergehen?“

„Ist es wirklich das, was ich will?“

Hast Du Dir diese oder ähnliche Fragen auch schon einmal gestellt? Falls ja, möchtest Du diesen Fragen auf den Grund gehen? Oder hast Du insgeheim etwas Angst vor einer Antwort; und Du findest es bequemer, weiterhin zu funktionieren wie bisher und Dein gewohntes Leben weiter zu leben? Wie wäre es stattdessen, wenn Du einmal innehalten und ganz ehrlich zu Dir selbst sein könntest?

Hast Du Dir selbst schon einmal wirklich zugehört? Kannst Du auf Deine innere Stimme hören und ihr folgen? Wie oft in Deinem Leben hast Du schon Dinge nach dem Motto „Man macht das halt so“ getan, die Du eigentlich gar nicht wirklich wolltest?

Viele von uns haben Glaubenssätze, Ängste und Blockaden, die sie oft lange Zeit davon abhalten, ihrer Bestimmung zu folgen und das zu tun, was sie wirklich wollen und gut können. Kennst Du das auch? Hast Du oft das Gefühl, auf der Stelle zu treten ohne weiterzukommen?

Dann ist es vielleicht an der Zeit für Dich, Dich auf den abenteuerlichen Weg der Selbstfindung zu begeben. Meist sind es besondere Lebensphasen, in denen wir uns auf die Reise zu uns selbst machen. Das kann zum Beispiel geschehen, wenn wir vor einer wichtigen Entscheidung stehen, die das gesamte weitere Leben beeinflussen kann. Oder auch, wenn wir den 30., 40. oder 50. Geburtstag feiern und eine neue Lebensphase betreten.

Kein Reichtum, keine tolle Karriere, keine noch so harmonische Beziehung kann Dich auf Dauer glücklich machen, wenn Du dabei nicht Du selbst sein kannst. Denn Dein inneres Ich strebt danach, dass Du Dein wahres Selbst findest und zum Ausdruck bringst, Dein Potenzial voll ausschöpfst und das tust, was Deiner Bestimmung entspricht. Die Selbstfindung und damit die Selbstverwirklichung sind der Schlüssel zu körperlicher und geistiger Gesundheit und ein unverzichtbares Fundament für ein glückliches und erfülltes Leben.

Neugierig geworden? Erfahre in diesem Buch alles, was Du tun kannst, um Deine wahre Bestimmung zu erlangen und Dich damit selbst verwirklichen zu können.

TEIL 1

Was ist Selbstfindung und welchen Einfluss hat sie auf unser persönliches und berufliches Leben?

Kapitel 1
Selbstfindung – was genau ist das eigentlich?

Wer bist Du eigentlich, und was macht Dich aus? Was sind Deine Talente, was Deine Schwächen? Wofür brennst Du, was ist Deine Leidenschaft? Wurden Dir diese Fragen schon einmal gestellt, und fiel es Dir schwer, sie zu beantworten? Es ist in der Tat so – vielen fällt es total leicht, solche Fragen über einen Freund oder ein Familienmitglied zu beantworten – nur eben nicht über einen selbst. Auf die Bitte „Erzähle doch mal etwas über Dich" kommen meist ausführliche Berichte darüber, was wir gelernt oder studiert haben, in welchem Job wir arbeiten und wo wir leben. Was hingegen selten bis nie zur Sprache kommt, sind unsere Gefühle, Eigenschaften und Bedürfnisse. Warum fällt uns dies so schwer? Warum haben wir vergessen oder nie erfahren, WER wir eigentlich sind? Um eine Antwort auf diese Fragen zu finden, kommen wir nicht umhin, uns mit uns selbst zu beschäftigen und uns selbst zu finden.

Selbstfindung ist ein Balanceakt auf einem sehr schmalen Grat – und zwar dem zwischen Anpassung und Abgrenzung, zwischen Konformität und Individualität. Ein Mensch, der zu sich selbst gefunden hat, kennt seine inneren Bedürfnisse und Wünsche. Er weiß ganz genau, was ihm gut tut, aber auch, was ihm nicht gut tut, was er kann und was er liebt. Aber eben auch das, was für ihn gar nicht in Frage kommt. Ein solcher Mensch ist in der Lage, das Optimale aus sich herauszuholen und sein Leben so zu leben, dass jeder Tag zu einem guten Tag werden kann.

Im Prozess der Selbstfindung lösen wir den Wirrwarr in unserem Kopf und entdecken den Weg zu einem erfüllten und glücklichen Leben. Ein klarer Blick in unser Inneres lässt uns erkennen, wohin wir im Leben wollen, wer wir wirklich sind, und welche Gaben und Talente in uns schlummern. Wer sich auf den Weg der Selbstfindung begibt, erfährt mehr über sein wahres Wesen und kann sich realistische Ziele setzen und diesen aktiv entgegengehen.

Menschen, die sich in der Anfangsphase der Selbstfindung befinden, spüren oft, dass „etwas nicht stimmt", sie suchen nach Antworten und haben häufig das Gefühl, ein „falsches" Leben zu leben. Da tauchen Fragen auf wie

- Wozu bin ich eigentlich hier?

- Will ich wirklich noch jahrelang oder womöglich bis ans Ende meiner Tage so weiterleben?

- Warum bin ich vielleicht nicht unglücklich, aber auch nicht wirklich zufrieden und glücklich?

Für eine neue Perspektive benötigen wir nicht nur rationales Denken und logische Argumente, sondern auch eine gesunde Intuition und Vertrauen zu uns selbst.

Selbstfindung kann in unterschiedlichen Lebensphasen und auf verschiedene Art und Weise geschehen. So beschreibt die Entwicklungspsychologie die Selbstfindung, also das „Finden zu sich selbst", als einen Prozess, in dem Pubertierende sich bewusst von ihren Eltern abgrenzen, traditionelle Werte infrage stellen und neue, ungewohnte Dinge ausprobieren. Sie wollen damit mehr über ihre Fähigkeiten, Möglichkeiten und Ziele herausfinden.

Aber auch im späteren Leben begeben sich viele Menschen auf den Weg der Selbstfindung in Form einer Selbstreflexion.

- Ist dieser Job auf Dauer der richtige für mich?

- Wo sehe ich mich in zehn Jahren?

- Bin ich vielleicht an einer Weggabelung meines Lebens falsch abgebogen, und kann ich noch einmal ganz von vorne anfangen?

Das sind Fragen, die sich viele im Prozess der Selbstfindung ein paar Jahre nach der Pubertät stellen. Nicht wenige Menschen begeben sich sogar auf eine Reise, um zu sich selbst zu finden, indem sie beispielsweise den Jakobsweg entlangwandern oder ein paar Wochen in einem Kloster in Bayern oder einem Ashram in Indien verweilen.

Am Ende einer erfolgreichen Selbstfindung stehen die Wahrnehmung und Befriedigung der eigenen Bedürfnisse, die Verwirklichung von Lebenszielen und ein zufriedener, in sich ruhender Mensch.

Kapitel 2

Selbstfindung – eine der wichtigsten Grundlagen für ein glückliches, erfülltes Leben

Hast Du oft das Gefühl, Dich ständig im Kreis zu drehen oder in einem Hamsterrad gefangen zu sein? Schielst Du oft nach links und rechts, und kommt es Dir dabei vor, dass alle anderen erfolgreich und glücklich durch das Leben zu gehen scheinen, während Du das Gefühl hast, dass Dir etwas Wichtiges fehlt? Und ist Dein Alltag voll mit Stress, Hetze und Pflichten, während Du kaum einmal Zeit und Muße für Dich selbst hast? Findest Du keine wirkliche Antwort auf die Frage, warum Du eigentlich hier bist, was der Sinn Deines Lebens ist?

Selbstfindung ist ein wichtiger Lebensprozess, um ein erfolgreiches und erfülltes Leben zu führen. Dabei hat jeder Lebensabschnitt seine Höhen und Tiefen, seine Chancen und Herausforderungen und kann damit in eine Phase der Selbstfindung führen. Wer bereit ist, aktiv zu werden, kann in jeder Lebensphase lernen, zu sich selbst zu finden.

Sobald Du im wahrsten Sinne des Wortes zu Dir selbst gefunden und erkannt hast, wer Du wirklich bist, wird Dein Leben sich in jeglicher Hinsicht verbessern. Dann wirst Du

- mit Dir selbst im Einklang sein,

- Deine eigene, einzigartige Persönlichkeit entwickeln,

- Deine Stärken kennen und sie bewusst fördern und in das Wohl der Allgemeinheit einbringen,

- Deine Bedürfnisse und Grenzen kennen und Dich dadurch besser schützen können,

- Dein Selbstbewusstsein aufgebaut haben und dies auch ausstrahlen,

- zufrieden und entspannt durch das Leben gehen,

- Deine Ziele kennen und wissen, wie Du sie verwirklichst,

- Dich selbst lieben.

Zusammengefasst: Du wirst einfach Glück und Zufriedenheit empfinden. Du wirst erkennen, was wirklich für Dich zählt, welches Deine Lebensziele sind und wie Du sie erreichen kannst. Du wirst an Deine Träume glauben und diese auch leben.

Kapitel 3
Warum ist das Thema Selbstfindung so wichtig für den beruflichen Werdegang und die Persönlichkeit eines Menschen?

Welcher Beruf ist der richtige für Dich? Welche Arbeit macht Dir Spaß und bringt Dir Erfüllung? In der heutigen Zeit, in der viele froh sind, überhaupt in Lohn und Brot zu stehen, mag die Frage nach einem Luxusproblem klingen. Dennoch gibt es nicht viel Schlimmeres, als jahrelang oder womöglich das ganze Leben in einem Job festzuhängen, der Dich langweilt oder überfordert und auf Dauer krank macht.

Wie sieht es bei Dir aus? Bringst Du Deinen Arbeitstag nur mit Mühe hinter Dich und fieberst die ganze Woche dem Freitagnachmittag entgegen? Gehst Du Sonntagabend schon mit Bauchschmerzen ins Bett, da Dich am nächsten Morgen wieder fünf lange Tage „Tretmühle" erwarten? Sind die einzigen Highlights des Jahres die zwei Wochen Mallorca im Sommer und die anderen zwei Wochen Gran Canaria im Winter? Wenn Dir dies bekannt vorkommt, dann ist es sehr wahrscheinlich, dass Du im falschen Beruf oder zumindest im falschen Job steckst. Zeit, etwas zu ändern! Wir verbringen ein Drittel unserer aktiven Lebenszeit am Arbeitsplatz. Arbeitszeit ist Lebenszeit, und kein Geld der Welt ist es wert, jahrelang in einem ungeliebten Job auszuharren.

Wie wäre es dagegen, in einem Beruf zu arbeiten, der gleichzeitig Deine Berufung ist, der Dich wirklich ausfüllt? Kannst Du Dir vorstellen, Dich am Sonntagmorgen schon darauf zu freuen, dass es in 24 Stunden wieder losgeht? Dass Du zwar gerne in den Urlaub fährst – alles andere wäre ebenso bedenklich –, Dich aber nach zwei oder drei Wochen dann auch wieder auf die Rückkehr an den Arbeitsplatz freust? Du glaubst, das gibt es nicht? Das gibt es sehr wohl! Ich selbst habe meine Berufung zum Beruf gemacht, und ich kenne etliche andere, bei denen das ebenso ist.

Berufliche Selbstverwirklichung? Denkst Du jetzt vielleicht. Und: Richtig, mein Job ödet mich an, aber wir leben in schwierigen Zeiten, und ich bin froh, überhaupt einen zu haben. Solche und ähnliche Argumente höre ich sehr oft, wenn ich Menschen darauf anspreche, wie wichtig es auch im Beruf ist, zu sich selbst zu finden. Da höre ich Dinge wie:

- Selbstfindung ist doch nur etwas für Träumer – ein Job muss Geld bringen und mich und meine Familie versorgen können und nichts anderes.

- Dienst ist Dienst, und Schnaps ist Schnaps. Anders gesagt – Arbeit, die Spaß macht, gibt es doch sowieso nicht.

- Andere wären froh, wenn sie überhaupt einen Job hätten, da will ich mich nicht beschweren.

- Ich finde doch sowieso nichts anderes.

- Ich bin zu alt, um noch einmal auf Jobsuche zu gehen.

- Ich bin nicht ausreichend qualifiziert.

- Ich traue mir nichts Besseres zu.

Es ist einfach nur traurig, wie verzweifelt sich viele unzufriedene Arbeitnehmer an solche scheinbaren Gründe klammern. Dabei ist das alles nicht wahr. Es gibt in fast allen Branchen die Möglichkeit, auch als Quereinsteiger Fuß zu fassen; es gibt immer eine Möglichkeit der Weiterbildung; und gerade erst vor ein paar Tagen hat die Mutter einer Freundin mit 57 Jahren ihren Traumjob angetreten. Meist ist es nicht die Realität, die uns begrenzt, sondern fehlendes Vertrauen in unser Talent und unsere Fähigkeiten. Also, keine Ausreden mehr! Wenn Du unzufrieden in Deinem Job oder gar in Deinem Beruf bist, ist es höchste Zeit für eine Veränderung!

Andere haben es geschafft, also kannst Du es auch! Es gibt so viele Erfahrungsberichte von Menschen, die ihre absolute Erfüllung in ihrer

Arbeit gefunden haben. Manch einer wagt den Sprung ins kalte Wasser und macht sich nach frustrierenden Jahren des Angestelltendaseins selbstständig. Ein anderer probiert mehrere Arbeitsplätze in seinem erlernten Beruf aus, bis er den für ihn richtigen gefunden hat. Wieder ein anderer erkennt, dass er – möglicherweise durch Beeinflussung in jungen Jahren – einen Beruf ergriffen hat, der ihm absolut nicht zusagt und beginnt eine neue Ausbildung oder ein Fernstudium. Und das Ganze hat fast nie etwas mit Intelligenz oder bisheriger Bildung und schon gar nichts mit dem Alter zu tun.

Wichtig ist einzig und allein, dass Du an Dich glaubst und daran, dass es möglich ist, eine Arbeit zu finden, in der Du Dich wiederfinden kannst und in der Du zu hundert Prozent glücklich bist. Ganz sicher kennst Du den Spruch von dem Glauben, der Berge versetzen kann. Dieser Spruch hat viel Wahres in sich – und zwar in beiden Richtungen. Das heißt, wenn Du glaubst, dass es unmöglich ist, die für Dich richtige Arbeit zu finden, dann wird es auch unmöglich sein. Und zwar weil Du unbewusst alles dafür tust, damit Dein Glauben bestätigt wird. Das ist genau das, was Psychologen als „self fulfilling prophecy", also eine sich selbst erfüllende Prophezeiung, bezeichnen. Unbewusst boykottieren sich die Betroffenen so lange, bis sich der Glaube an das eigene Unvermögen bewahrheitet, nur um anschließend sagen zu können: „Siehst Du, ich habe es doch immer gewusst." Deshalb – glaube mit voller Überzeugung daran, dass Du den richtigen Job und Deinen Platz im Leben finden wirst!

TEIL 2

Warum fällt es vielen Menschen so schwer, zu sich selbst zu finden, und was kannst Du tun, um Deine Selbstfindung voranzutreiben?

Kapitel 4
Was sind die Grundvoraussetzungen, um zu sich selbst zu finden?

Es ist heutzutage schwieriger denn je, seinen Platz im Leben zu finden. Leben wir doch in einer Zeit der nahezu unbegrenzten Möglichkeiten. Viele Jahrhunderte gab es wenig Auswahl – die meisten blieben ihr ganzes Leben an dem Ort ihrer Geburt, heirateten jung, und ab dann kümmerte sich die Frau um die Familie, während der Mann das dafür erforderliche Geld nach Hause brachte. Auf welche Weise, darauf hatte er meistens nicht viel Einfluss – in der Regel erlernte er das Handwerk seines Vaters. Und das war es dann auch schon. Wenig Auswahl, wenige Höhepunkte, aber auch wenige Risiken. Vater arbeitete meistens 24/7, Mutter war auch fast rund um die Uhr auf den Beinen – fast immer mussten deutlich mehr als die heute üblichen zwei Kinder versorgt werden, und das ohne Vollwaschautomat, Thermomix und elektrische Reinigungsgeräte. Zeit für Hobbies oder gar Urlaube blieb da nicht.

In unserer heutigen Zeit stehen uns hier im westlichen Europa so viele unterschiedliche Möglichkeiten, unser Leben zu gestalten, wie nie zuvor zur Verfügung. Dies bezieht sich auf den Beruf, das Privatleben und die Freizeitgestaltung. Während man noch vor hundert Jahren heiraten „musste", um versorgt zu sein, und um dem gesellschaftlichen Schema zu entsprechen, stehen uns heute alle Varianten offen – von der klassischen Ehe über die wilde Ehe und das sogenannte LTA (=Living together apart = eine Beziehung führen, aber getrennt wohnen) bis hin zum Swinging Single ist alles möglich und alles akzeptiert. Und dabei interessiert schon lange niemanden mehr, ob Mann mit Frau oder Mann mit Mann oder Frau mit Frau liiert ist.

Übernahm der Sohn noch vor hundert Jahren, ohne dies zu hinterfragen, den Hof, die Werkstatt oder das Büro seines Vaters, haben heute alle Söhne und natürlich auch alle Töchter eine unbegrenzte Wahl an beruflichen

Möglichkeiten. Und noch nie gab es so viele Möglichkeiten, seine Freizeit zu gestalten und sich weiterzubilden wie heutzutage. Natürlich ist das eine prima Sache, und ganz sicher möchte niemand mehr diese Vielfalt missen, dennoch macht die große Auswahl an Optionen unser Leben nicht unbedingt leichter. Schnell fragt man sich: „Klasse, ich könnte theoretisch 1000 Dinge tun. Aber ich KANN in der Realität nicht 1000 Dinge tun. Was davon ist nun also das Richtige für mich? In welche Richtung soll ich mein Leben gestalten?"

Willst Du auf all diese Fragen eine Antwort finden, solltest Du Dich Schritt für Schritt mit Dir selbst, Deinen Träumen, Zielen, Wünschen und Bedürfnissen auseinandersetzen.

Die drei Grundideen

Die folgenden drei Ideen werden Dir helfen, Deine Bedürfnisse und Wünsche herauszufinden.

Idee 1

Mein Leben ist zufrieden, erfüllt und glücklich, wenn es in Übereinstimmung mit meiner Persönlichkeit, meinen Stärken und Schwächen steht.

Idee 2

Ich bin mit meinem Leben zufrieden und glücklich, wenn es sich in die gewünschte Richtung entwickelt.

Idee 3

Mein Leben verläuft zu meiner Zufriedenheit, wenn meine persönlichen und individuellen Bedürfnisse befriedigt werden.

Diese drei Ideen müssen im Großen und Ganzen erfüllt sein, damit Du Dein Leben als erfüllend und vollständig bezeichnen würdest. Deshalb ist es für jeden von uns so wichtig, sich auf den Pfad der Selbstfindung zu begeben, um dies zu erreichen.

Die drei hilfreichen Fragen und wie Du die Antworten darauf findest

Stelle Dir die folgenden drei Fragen, um herauszufinden, ob Du in Deinem Leben „angekommen" bist.

- Frage 1: Was macht meine Persönlichkeit aus? Welche Besonderheiten habe ich, welche Stärken, welche Schwächen? Wer bin ich?

- Frage 2: Welche Bedürfnisse habe ich? Was ist mir wichtig, damit ich mich wohlfühle?

- Frage 3: Welche Richtung möchte ich meinem Leben geben? Was gibt meinem Leben einen Sinn, was passt zu meiner Persönlichkeit und meinen Bedürfnissen?

Zu Frage 1: Wer bin ich, was macht meine Persönlichkeit aus?

Wer mit sich selbst im Einklang sein will, muss als erstes einmal herausfinden, wer er eigentlich ist und was seine Persönlichkeit ausmacht. Wenn Du dies herausfinden möchtest, führe doch einmal die folgende Übung durch:

Übung zur Frage 1: Meine Persönlichkeit

Bitte drucke Dir dazu die folgende Liste „Meine Eigenschaften" in zweifacher Ausführung aus.

(Quelle : https://zeitzuleben.de/)

Die Persönlichkeitsexperten

Eigenschaft	Schwach ausgeprägt				Stark ausgeprägt		
aggressiv	-3	-2	-1	0	+1	+2	+3
analytisch							
ängstlich							
ausdauernd							
authentisch							
begeisterungsfähig							
belastbar							
bestimmend							
detailorientiert							
diplomatisch							
direkt							
diszipliniert							
ehrlich							
ehrgeizig							
einfühlsam							
emotional							
energisch							
entschlossen							
flexibel							
fokussiert							
geizig							
großzügig							
gütig							
herzlich							
hilfsbereit							
humorvoll							
Intelligent							
kompromissfähig							
kontaktfreudig							

Eigenschaft	Schwach ausgeprägt				Stark ausgeprägt	
kreativ						
kritikfähig						
lernfähig						
motiviert						
musikalisch						
mutig						
naturverbunden						
offen						
optimistisch						
ordentlich						
pünktlich						
rücksichtsvoll						
sachlich						
schnell						
schwach						
selbstbewusst						
selbstkritisch						
sensibel						
sportlich						
teamfähig						
tierlieb						
tolerant						
verantwortungsbewusst						
verschlossen						
vertrauensvoll						
vielseitig						
vernünftig						
vorausschauend						
zielstrebig						

Anschließend bewertest Du Dich bei jeder dieser Eigenschaften, indem Du in einem Exemplar in die entsprechenden Spalten einen Wert zwischen −3 (überhaupt nicht zutreffend) bis +3 (sehr stark zutreffend) einträgst. Hier sind ein gutes Urteilsvermögen sowie eine gesunde Portion Selbstkritik gefragt. Lass Dir ausreichend Zeit und hüte Dich vor zu viel Eigenlob. Hilf Dir mit Erinnerungen an konkrete Situationen, die Du erlebt hast, in denen diese Eigenschaft zum Vorschein kam. Wenn Du beispielsweise meinst, Du bist sehr hilfsbereit oder sehr flexibel, dann sollten Dir schon mehrere Beispiele einfallen, in denen Du dies unter Beweis stellen konntest. Ist dies nicht der Fall, kannst Du Dir bei diesen Charaktereigenschaften natürlich keine +3 geben!

Als nächsten Schritt gibst Du den zweiten (leeren) Ausdruck jemandem, der Dich gut kennt, vielleicht Deinem Partner oder einem guten Freund, und bittest ihn oder sie, Dich auf die gleiche Weise einzuschätzen. Dann vergleichst Du beide Listen und kannst anschließend schon etwas besser einschätzen, was Deinen Charakter und Deine Persönlichkeit ausmacht.

Zu Frage 2: Welche Bedürfnisse habe ich?

Eine ganz entscheidende Voraussetzung für Wohlbefinden und Zufriedenheit ist die Erfüllung unserer persönlichen Bedürfnisse. Aber weißt Du eigentlich, wie Deine Bedürfnisse aussehen? Lass es uns herausfinden!

Übung zur Frage 2: Was will ich nicht mehr?

Ich habe die Frage bewusst so gestellt, weil es vielen Menschen leichterfällt zu benennen, was sie nicht (mehr) wollen, als was sie stattdessen wollen.

Wenn es etwas in Deinem Leben gibt, von dem Du auf gut Deutsch „die Schnauze voll" hast, das Du auf keinen Fall weiter machen möchtest, dann schreibe es auf ein Blatt Papier. Am besten suchst Du Dir drei Dinge aus, die Du nicht mehr möchtest. Beispiele:

- Ich möchte nicht mehr in diesem stressigen Vollzeitjob arbeiten.

- Ich möchte raus aus der Großstadt.

- Ich möchte nicht mehr so viele Süßigkeiten und Fast Food essen.

Als nächsten Schritt fragst Du Dich zu jedem dieser drei Punkte, was Du stattdessen möchtest, und schreibst die Antworten neben die Dinge, die Du nicht mehr willst. Beispiele:

- Ich möchte mir meinen Traum von der Selbstständigkeit/ Freiberuflichkeit erfüllen und selbst bestimmen, wann und wieviel ich arbeite.

- Ich möchte auf dem Land leben, inmitten von Grün und am liebsten am Wasser.

- Ich spüre, dass meine Ernährungsweise langsam auf Kosten meiner Gesundheit geht, und möchte in Zukunft mehr frisches Obst, Gemüse und Ballaststoffe zu mir nehmen.

Nun schreibst Du hinter jeden Wunsch nach Veränderung eine Begründung. So erfährst Du, welches Bedürfnis hinter den Wünschen steckt. Beispiele:

- Ich habe das Bedürfnis nach mehr Selbstbestimmung und Kreativität.

- Ich habe das Bedürfnis nach Ruhe, Natur und frischer Luft.

- Ich habe das Bedürfnis, mich wieder fit und wohl in meiner Haut zu fühlen.

Und dann frage Dich, was passieren muss, damit jedes dieser Bedürfnisse erfüllt wird, und plane konkrete Maßnahmen. Teile Dir die Umsetzung Deiner Wünsche in Teilschritte ein. Wenn Du beispielsweise planst, von der Stadt auf das Land zu ziehen, suche Dir erst den richtigen Ort. Bedenke, dass es nicht nur schön und idyllisch sein soll, sondern eine Infrastruktur vorhanden sein muss, wie Einkaufsmöglichkeiten und Busverbindungen.

Oder wenn Du aus einem Angestelltenverhältnis in die Selbstständigkeit wechseln möchtest, beginne vielleicht damit, zunächst auf Teilzeit zu gehen und Dir Dein Business nach und nach nebenbei aufzubauen. Geh nach diesem Muster alle Dinge durch, die Du in Zukunft nicht mehr willst, und lerne damit, Deine Bedürfnisse zu erkennen und umzusetzen.

Zu Frage 3: Was könnte eine gute Richtung für mein Leben sein?

Bei dieser Frage geht es darum, in welche Richtung Du das Schiff Deines Lebens steuern möchtest. Es geht also um Deine Wünsche, Ziele und um das, was Du unserer Welt als Mehrwert bieten kannst. Wenn Du die beiden ersten Fragen bereits „abgearbeitet" hast, fällt es Dir wahrscheinlich schon viel leichter, Dich dieser Frage zu widmen. Denn wenn Du weißt, wie Deine Persönlichkeit beschaffen ist und welche Deine Bedürfnisse sind, wirst Du sicher zumindest ungefähr erkannt haben, wohin die Reise gehen soll.

Ein ganz wichtiger Punkt bei der Bestimmung der Richtung unseres Lebens sind unsere Werte. Dies sind die Dinge und Maßstäbe, die wichtig bzw. unverzichtbar für uns sind. Wenn Du wissen möchtest, was Deine Werte sind, dann stell Dir doch einmal die folgenden Fragen:

- Auf was könnte ich auf gar keinen Fall verzichten?

- Worum lohnt es sich für mich zu kämpfen?

- Wovon sollte es mehr auf der Welt geben?

- Was würde ich vermissen, wenn es das plötzlich nicht mehr gäbe?

- Was würde ich weltweit verbieten/unterbinden, wenn ich die Macht dazu hätte?

Jeder Mensch hat andere Werte, und hier ist eine Auflistung, welche zu Deinen gehören könnten:

- Gesundheit

- Freiheit

- Familie

- Sicherheit

- Ehrlichkeit

- Loyalität

- Freundschaft

- Vernunft

- Selbstbestimmung

- Frieden

- Respekt

- Gemeinschaft

- Harmonie

- Umweltschutz

- Großzügigkeit

- Bildung

- Mut

- (Nächsten)liebe

- Solidarität

- Wachstum

- Würde

- Toleranz

- Hilfsbereitschaft

- Nachhaltigkeit

- Zuverlässigkeit

Es gibt noch viele mehr; und es steht Dir natürlich frei, diese Liste nach Belieben zu ergänzen. Kreuze an, welche Werte Dir am wichtigsten sind, ohne die Du Dir Dein Leben nicht vorstellen kannst. Stell Dir dann die Frage, was Du tun kannst, um Deine Werte noch besser zu verwirklichen. Schreibe die jeweiligen Antworten neben die Werte. Und dann lass den Worten Taten folgen! Beispiele:

- Für Dich wichtige Werte sind Solidarität und Hilfsbereitschaft. Überlege Dir, wo Du Dich engagieren kannst, um diese Werte zu leben. Möglichkeiten gibt es genug, z.B. regelmäßige Besuche in Altenheimen, Aushilfe bei der örtlichen Tafel etc.

- Ein wichtiger Wert ist der Umweltschutz. Benutze in Zukunft keine Plastikverpackungen mehr und/oder schließe Dich einer Umweltschutzorganisation an.

- Ein Wert, der Dir ebenfalls am Herzen liegt, ist Bildung. Höre daher nie auf, etwas Neues zu lernen. Nutze in Deinem Beruf jede Möglichkeit der Fortbildung.

Auf diese Weise entwickelt sich aus Deinen Werten die Richtung, die Dein Leben gehen soll. Und dies ist keine willkürliche, von außen aufgezwungene Richtung, sondern die, die wirklich aus Deinem Herzen kommt und die richtige für Dich ist.

Kapitel 5
Was sind die Ursachen, dass so viele Menschen mit dem Thema Selbstfindung große Probleme haben?

Viele Menschen haben große Schwierigkeiten, bei sich selbst anzukommen. Wäre dem nicht so, müsste ich dieses Buch nicht schreiben. Was für Gründe gibt es aber dafür? Was sind die typischen „Fallen" bei der Selbstfindung, derentwegen sich viele immer wieder im Kreis drehen?

Da wären zunächst einmal die gesellschaftlichen und familiären Verpflichtungen und (scheinbaren) Zwänge, die sich daraus ergeben. Jeder ist das Kind seiner Eltern, Angestellter einer Firma, Partner eines Partners. Und die meisten wollen geliebte und geschätzte Menschen nicht enttäuschen und verbiegen sich nicht selten, um deren – manchmal nur vermeintliche – Erwartungen zu erfüllen. Da hat der Papa vielleicht jahrelang mit viel Fleiß und Engagement eine erfolgreiche Kanzlei aufgebaut und freut sich darauf, diese eines Tages an den Sprössling übergeben zu können. Traut sich der brave Sohn, dem Vater zu offenbaren, dass er so gar keine Lust auf ein Jurastudium hat, da es ihn in die Natur zieht und Landschaftsgärtner sein absoluter Traumberuf ist?

Und da sind die wohlmeinenden Eltern, die ihrer einzigen Tochter immer wieder erzählt haben, wie sehr sie sich darauf freuen, endlich Großeltern zu werden. Wird die junge Frau je wagen, Mama und Papa zu beichten, dass daraus ziemlich sicher nichts werden wird, weil sie von einer Frau nun einmal kein Kind bekommen kann?

Und da ist auch der „Neue" im Team, der es lieber ruhig mag und seine Abende am liebsten mit einem guten Buch zu Hause verbringt. Nun sind aber seine neuen Kollegen allesamt party people, die sich mindestens einmal pro Woche am Abend treffen und bis Mitternacht um die Häuser ziehen. Wird er es wagen, seiner Natur zu folgen und sich als Einziger aus den abendlichen Aktivitäten auszuklinken? Oder wird er aus Angst, nicht akzeptiert und integriert zu werden, „um des lieben Friedens willen" mitgehen und von der ersten bis zur letzten Minute darauf warten, endlich mit Anstand die Bühne verlassen zu können?

Alles Situationen, die verhindern können, dass ein Mensch er selbst ist, mit allem Wenn und Aber und mit allen Eigenschaften und Merkmalen, die ihn vielleicht aus der Norm herausstechen lassen – um die Erwartungen seines Umfelds nicht zu enttäuschen.

Gesellschaftliche Zwänge bedeuten auch Verpflichtungen, die sich aus unseren Grundbedürfnissen ergeben. Wer nicht verhungern und ein Dach über dem Kopf haben möchte – und wer möchte das nicht? – muss dafür sorgen, dass genügend Geld ins Haus kommt, um Essen und Miete bezahlen zu können. Und das bedeutet nicht selten, dass Dinge getan werden müssen, die möglicherweise gerade nichts mit den eigenen Wünschen zu tun haben.

Kapitel 6
Welche negativen Folgen kann ein „falsches" Leben haben?

Wenn wir langfristig nicht das Leben leben, das wir eigentlich wollen, kann das schwerwiegende Folgen haben. Wer beispielsweise im „falschen" Beruf ist, also sich Tag für Tag mit Dingen beschäftigt, die er nicht gut kann oder die ihn langweilen, ist nicht nur dauerhaft unzufrieden, sondern wird es auch auf der Karriereleiter nicht allzu weit schaffen. Dann ist jeder Arbeitstag geprägt von Frustration, fehlender Motivation und Warten auf den Feierabend. In einem solchen Fall wäre es dringend angeraten, den Beruf zu wechseln; allerdings gehen diesen Schritt nur wenige. Die meisten bleiben lieber bei dem bekannten Übel anstatt die Chance auf eine berufliche Verbesserung zu ergreifen; Grund dafür ist in der Regel die Angst vor dem Unbekannten.

Warum landen jedoch so viele Menschen in einem falschen Beruf? Einer der häufigsten Gründe hierfür ist, dass sie es schlicht nicht besser wussten. Dies ist besonders zu Beginn einer beruflichen Laufbahn der Fall. Zwar hat man eine Vorstellung, welcher Beruf passen könnte, aber nur die wenigsten können direkt nach der Schule einschätzen, wie dieser Beruf in der Praxis aussieht. So passiert es nicht selten, dass junge Menschen einen Beruf ergreifen und nach nicht allzu langer Zeit feststellen, dass dieser ihren Vorstellungen kaum oder gar nicht entspricht und dass von Spaß am Job oder gar leidenschaftlichem Aufgehen in der Arbeit nicht die Rede sein kann.

Allerdings sind nicht nur junge Menschen bzw. Berufsanfänger betroffen – auch im späteren Berufsleben kommt es vor, dass Job oder Beruf nicht mehr passen, z.B. weil sich die Aufgaben und Anforderungen zu stark verändert haben. Leider wollen viele sich nicht eingestehen, die falsche Entscheidung getroffen zu haben oder sich in eine Richtung entwickelt zu haben, mit der der erlernte Beruf nicht mehr gut zu vereinbaren ist. So kommt es nicht selten vor, dass jemand sein Leben lang im falschen Beruf festhängt. Schade!

Wann ist es Zeit, den Beruf zu wechseln?

Gehörst auch Du zu denjenigen, die meinen, sie haben mit der Berufswahl eine falsche Entscheidung getroffen? Oder Du hast die ersten Jahre für Deine Arbeit gebrannt, kannst Dich aber nach längerer Zeit nicht mehr mit den Inhalten und Aufgaben identifizieren? Dann hast Du genau zwei Möglichkeiten:

Selbstverständlich kannst Du Dich frei nach dem Motto „Besser den Spatz in der Hand als die Taube auf dem Dach" damit abfinden, den täglichen Frust hinnehmen und in Dich hineinfressen und Dich mit der Tatsache arrangieren, dass es je nach Deinem Alter noch 20, 30 oder 40 Jahre so weitergehen wird. Dass Du Dich Tag für Tag mindestens acht Stunden mit Dingen beschäftigen wirst, die Dich langweilen und Die nicht (mehr) zu Dir passen. Wir Menschen sind nun einmal Meister im Selbstbetrug, also wirst Du Dir, so gut es geht, alles schönreden, um es irgendwie bis 17 Uhr und dann bis zum nächsten Freitag und dann Jahr um Jahr durchzuhalten.

Aber wer will schon so viel kostbare Lebenszeit mit einer Arbeit verbringen, die ihn nicht glücklich macht und auch in der Zukunft nicht glücklich machen wird und die so ganz anders ist, als er sie sich vorgestellt hat? Besser ist es, den Absprung und einen Neuanfang zu wagen. Dies sind deutliche Anzeichen dafür, dass Du unbedingt über einen beruflichen Neustart nachdenken solltest:

- Der einzige Grund, warum Du arbeiten gehst, ist das Geld.

- Du bist entweder dauerhaft überfordert und gestresst oder ständig unterfordert und gelangweilt.

- Jeden Tag graust es Dich vor dem Arbeitstag; und Du wünschst Dir nichts sehnlicher, als nicht mehr arbeiten gehen zu müssen.

- Du beneidest Freunde und Bekannte um deren Jobs.

- Du erfindest Ausreden, um nicht arbeiten gehen zu müssen, und meldest Dich manchmal krank, obwohl Dir gar nichts fehlt.

- Deine Unzufriedenheit im Beruf hat sich schon auf Dein Privatleben übertragen.

- Deine Gesundheit beginnt zu leiden – Du fühlst Dich gestresst und ausgebrannt, leidest oft unter Schlafstörungen, Angstzuständen und Magen-Darm-Problemen.

- Wirst Du auf Deinen Beruf und/oder Job angesprochen, kannst Du nur negative Dinge berichten.

- Du hast das Gefühl, Dein Beruf stiehlt Dir viel zu viel Zeit, um Dich mit Dingen zu beschäftigen, die Dir wirklich wichtig sind.

- In Deinen Tagträumen stellst Du Dir vor, wie es Dir in einem anderen Beruf ergehen würde.

Erkennst Du Dich wieder? Dann ist es wohl höchste Eisenbahn, über einen Richtungswechsel nachzudenken, um Dich in Deinem Leben wieder wohl und „richtig" zu fühlen.

Falscher Beruf oder „nur" falscher Job?

Bevor Du einen Schnellschuss startest und Hals über Kopf Deinen Arbeitsplatz aufgibst, solltest Du Dir über die Frage klar werden, ob Du tatsächlich den falschen Beruf ergriffen hast oder ob der Beruf an sich zu Dir passt, Du aber beim falschen Arbeitgeber gelandet bist. Bitte nicht beides über einen Kamm scheren, denn das eine hat mit dem anderen meist überhaupt nichts zu tun. Ich bin sehr sicher, dass ich den für mich richtigen Beruf ergriffen habe. Dennoch arbeitete ich einige Zeit im falschen Job – der Chef war ein cholerischer Diktator, das Team passte überhaupt nicht zusammen, es herrschte eine ständig angespannte, vergiftete Atmosphäre. Dies hielt ich genau ein Jahr durch, dann machte ich mich auf Jobsuche – in meinem erlernten Beruf, wohlgemerkt –, wurde ich auch bald fündig, kam in ein nettes harmonisches Team, und alles war wieder gut.

Ist auch bei Dir der konkrete Arbeitsplatz der Auslöser für Deine Unzufriedenheit, dann sind typische „Symptome" eine negative Arbeitsatmosphäre, ein schlechtes Verhältnis zu Vorgesetzten und Kollegen, Unverständnis gegenüber den internen Strukturen und den Entscheidungen des Managements. Ist dies der Fall, bringt ziemlich sicher der Wechsel in eine andere Firma bereits die gewünschte Verbesserung. Oder Du denkst darüber nach, die Branche zu wechseln; das bedeutet, Du bleibst in Deinem Beruf, übst diesen jedoch in einem anderen Bereich oder einer anderen Abteilung aus.

Im Gegensatz zum Jobwechsel bedeutet ein Berufswechsel jedoch eine komplette Neuorientierung. Dies kann über eine neue Ausbildung, eine Umschulung, ein Fernstudium oder mit etwas Glück durch einen Quereinstieg in einen anderen Beruf erfolgen. Bevor Du jedoch die endgültige Entscheidung triffst, Dein Glück in einem anderen Beruf zu versuchen, musst Du Dir gründlich überlegen, WAS Du wirklich in Zukunft tun willst. Sonst läufst Du Gefahr, Dich in ein paar Wochen oder Monaten wieder in derselben Bredouille zu befinden wie jetzt.

Beispiel: Du bist musikalisch und spielst sehr gut ein oder sogar mehrere Instrumente. Dein aktueller Bürojob langweilt Dich zu Tode, und Du spielst mit dem Gedanken, Dich zum Musiklehrer ausbilden zu lassen. Bevor Du eine definitive Entscheidung triffst, frag Dich, woher dieser Wunsch kommt. Magst Du einfach nur gerne Musik oder kannst Du Dir auch wirklich vorstellen, diese auch zu unterrichten? Und das Tag für Tag, Woche für Woche, Jahr für Jahr? Oder wäre Dir nicht ein Job lieber, der Dir genügend Zeit lässt, Dich nebenbei mit Musik zu beschäftigen, wie beispielsweise in einer Band oder einem Laien-Orchester mitzuspielen? Bedenke – nicht jedes Hobby ist zwingend auch als Beruf geeignet, manches sollte lieber ein Hobby bleiben. Versuche einfach, mehrere Jahre in die Zukunft zu denken: Willst Du das wirklich langfristig, wie findest Du die Vorstellung, diesen (neuen) Beruf auch noch in fünf oder zehn Jahren täglich auszuüben?

Kapitel 7
Zehn Glaubenssätze, die uns davon abhalten, zu uns selbst zu finden

Was auch immer Du glaubst – Du wirst am Ende recht behalten. Denn Deine Gedanken erschaffen Deine Realität, indem Du Deinen Fokus darauf richtest und am Ende erleben wirst, dass Dein Glaube zur Realität wird. Informationen und Hinweise, die auf das Gegenteil hindeuten, werden von Deinem Gehirn automatisch ausgeblendet. Denn jeden Tag prasselt eine solche Menge an Eindrücken und Reizen auf Dich ein, dass Dein Gehirn gar nicht anders kann als zu selektieren. Deshalb speichert es ausschließlich die Informationen, auf die Du fokussiert bist und an die Du fest glaubst.

Ein kleines Kind steht der Welt noch unbefangen gegenüber und nimmt alles staunend als ein riesengroßes Wunder wahr. Mit der Zeit übernimmt aber jeder kleine Mensch durch Erziehung und Sozialisierung verschiedene Gedankenmuster und Glaubenssätze – sowohl positive als auch negative. Meist ist hierfür das Elternhaus verantwortlich, später sind es auch die Schule und das soziale Umfeld.

Die Art und Weise, wie wir die Welt sehen, wird zu einem großen Teil davon bestimmt, in welche Verhältnisse wir hineingeboren werden. So kann man immer wieder beobachten, dass Kinder, die in wohlhabenden Familien aufwuchsen, im Erwachsenenalter meist ebenfalls problemlos viel Geld verdienen. Kinder hingegen, die in eher bescheidene Verhältnisse geboren wurden, landen später sehr oft ebenfalls im niedrigeren Lohnbereich.

Viele erlernte Glaubenssätze sind für den Verlauf unseres Lebens sehr hilfreich, während andere es uns unnötig schwerer als nötig machen können. Wenn auch Dein Leben von negativen Glaubenssätzen gesteuert wird, ist es höchste Zeit, Dich von ihnen zu befreien. Ansonsten wirst Du womöglich nie das Leben führen, das Du Dir in Deinem Herzen eigentlich wünschst.

Was sind das aber für Glaubenssätze, die immer wieder negative Empfindungen und Gedanken in Dir auslösen? Die Dir suggerieren, Du bist nicht gut genug, Du schaffst es nicht, die Dich klein halten? Hier sind die zehn wichtigsten:

Ich kann das nicht bzw. ich schaffe das nicht.

Eines meiner Lieblingszitate stammt von Henry Ford und lautet:

Egal, ob du denkst, du schaffst es oder du schaffst es nicht, du wirst recht behalten.

Dieses Zitat trifft genau ins Schwarze und beschreibt hervorragend die Wirkung, die ein Glaubenssatz auf das Leben haben kann. Wer felsenfest daran glaubt, sein Ziel erreichen zu können, wird dies auch schaffen. Vielleicht nicht sofort und vielleicht nicht im ersten Anlauf, aber am Ende des Tages wird derjenige erfolgreich sein. Und umgekehrt ist es ebenso: Wer von vornherein Zweifel an der Verwirklichung seines Vorhabens hat, wird nie die nötige Motivation aufbringen, dies auch zu schaffen.

Also: Was Du wirklich willst, das wirst Du erreichen, wenn Du fest daran glaubst, dass Du es kannst und auch schaffen wirst. Dein Glaube ist ein absoluter Garant für Deinen Erfolg!

Das Leben ist nicht fair.

Jeder kennt solch abgedroschene Sprüche wie

- Das Leben ist nun mal kein Wunschkonzert.

- Das Leben ist kein Ponyhof.

- Sind wir hier vielleicht bei „Wünsch Dir was"?

Ein paar Beispiele für viele typische Phrasen, die wir immer wieder nutzen, um uns selbst und anderen zu zeigen, das Leben ist ein einziger

Mist, ein einziger Kampf, und am Ende kommt ja sowieso nichts dabei heraus.

Aber ist dies in der Tat so? Ich sage nein, ist es nicht! Es gibt ebenso viele Gegenbeispiele dafür, dass das Leben wunderschön, reich und oft auch tatsächlich sehr fair ist. Warum also willst Du es Dir schwerer machen, als es ist, indem Du an das Negative glaubst?

Konzentriere Dich stattdessen auf das Positive, auf die Dinge, die Du gut und gerne tust, die Dir eine Herzensangelegenheit sind, anstatt auf die, die Du meinst tun zu müssen, weil Du vielleicht in einem ungeliebten Brotjob damit Dein Geld verdienst. Dann würde das Leben vielleicht sehr wohl zum „Wunschkonzert", nämlich bunt und abwechslungsreich – kurz: schön und erfüllend! Probiere es aus, Du wirst sehen, es funktioniert!

Ich bin zu alt.

Ein ebenso abgedroschener Spruch lautet „Was Hänschen nicht lernt, lernt Hans nimmermehr". Nicht nur abgedroschen, sondern einfach nur töricht und schlicht falsch. Es gibt schließlich immer wieder Gegenbeispiele. Meine Mutter hat erst mit Mitte 40 ihren Führerschein gemacht und sowohl den Theorie- als auch den praktischen Teil mit Bravour beim ersten Anlauf bestanden und war (fast) den ganzen Rest ihres Lebens eine sichere Autofahrerin. Manch einer möchte seinen Lebensabend unter der Sonne Spaniens oder Italiens verbringen; da heißt es noch mit 60+ Vokabeln und Grammatikregeln büffeln. Und in der Regel meistern Senioren dies auch noch sehr gut!

Niemand ist niemals für nichts zu alt – dies solltest Du Dir statt des Hänschen-Spruchs als Glaubenssatz einprägen. Nicht selten ist „Ich bin zu alt" auch nur eine bequeme Ausrede, um ja nichts verändern und sich bloß nicht mehr bemühen zu müssen. Deshalb: Solange Du lebst, solange bist Du in der Lage, etwas Neues zu erlernen und Projekte zu verwirklichen, die Du dir von Herzen wünschst.

Für mein Geld muss ich hart arbeiten.

Da hört man gerne Phrasen wie:

- Erst die Arbeit, dann das Vergnügen.

- Dienst ist Dienst, und Schnaps ist Schnaps.

- Von nichts kommt halt nichts.

Solche Sprüche hört man gerne mal von Menschen, die ihren Monatslohn als eine Art Schmerzensgeld für ihren langweiligen und/oder ach so anstrengenden Job betrachten. Eine Entschädigung dafür, dass sie sich Tag für Tag zur Arbeit quälen, ihre Tage mit Warten auf den Feierabend oder das Wochenende verbringen. Leider ist dies für einen großen Teil der Menschen hierzulande traurige Realität. Laut einer Umfrage arbeiten ca. 70 Prozent der Deutschen in einem sogenannten „Brotjob", also in einem Job, der einzig und allein dem Broterwerb dient und den man im Falle einer lebenslangen finanziellen Absicherung sofort kündigen würde.

Sehr schade, wie ich finde. Dabei geht es auch ganz anders! Erfahrungsgemäß sind genau diejenigen am erfolgreichsten, die das tun, was ihren Fähigkeiten und Talenten entspricht und ihnen wirklich Spaß macht. Ich hatte tatsächlich mal einige Jahre einen Job als Gästeführerin in einer Schlösserstiftung, in dem bin ich so aufgegangen, dass ich mir ein paarmal die Frage gestellt hatte, was würde ich tun, sollte ich so gut versorgt sein, dass ich die Arbeit aufgeben könnte. Die Antwort war mir immer klar: Diese Arbeit hätte ich auf jeden Fall ehrenamtlich weitergemacht. Wenn jeder seinen natürlichen Neigungen und Interessen folgen würde, müsste niemand mehr von „hart verdientem Geld" sprechen.

Es gibt in der Tat Menschen, die dies geschafft haben. Und es handelt sich nicht nur um Menschen mit besonderen künstlerischen Begabungen wie Maler, Schriftsteller oder Sänger. Auch „normale" Berufe wie Lehrer, Elektrotechniker oder Krankenschwester können solche Tätigkeiten sein für diejenigen, die diesen Beruf mit Herz und Leidenschaft ausführen. Die müssen für ihr Geld nicht „hart" arbeiten, sondern gehen ihrer Berufung nach und verdienen quasi „nebenher" Geld dafür.

Wie unter dem Punkt:„ Ich kann das nicht bzw. ich schaffe das nicht" erläutert, kannst auch Du genau diese Realität leben, wenn Du nur fest daran glaubst und Dich motiviert der Umsetzung Deines Ziels widmest.

Ich bin nicht gut genug.

Auch wenn es nur die wenigsten zugeben, aber sehr viele Menschen denken so über sich. „Ich bin nicht gut genug" gehört zu den Glaubenssätzen, die sehr tief sitzen und für deren Auflösung manch einer sein ganzes Leben braucht, und nicht wenige schaffen das nie.

Und zwar lernen wir diesen Glaubenssatz bereits in unserer frühesten Kindheit – meist von Eltern, die sich ebenfalls für nicht gut genug hielten.

- Ich bin nur gut genug, wenn ich nicht weine.

- Ich bin nur gut genug, wenn ich nicht wütend bin.

- Ich bin nur gut genug, wenn ich der Tante das „schöne" Händchen gebe.

- Ich bin nur gut genug, wenn ich meinen Teller leer esse (gerne gesteigert von: Ich bin schuld, wenn morgen schlechtes Wetter wird).

Nun sind diese „Anforderungen" natürlich niemals umzusetzen. Jedes kleine Kind weint einmal, ist manchmal wütend, hat nicht immer Lust, die Tante zu begrüßen; und wenn das Essen nun mal nicht schmeckt oder das Kind längst satt ist, ist es absolut idiotisch, das „Aufessen" zu verlangen.

Kinder, die so erzogen werden, lernen schon früh, ihre Gefühle zu unterdrücken und sich zu verstellen, um ausreichend Liebe und Zuwendung von den Eltern zu erhalten. Und das Gedankenmuster, das sich dabei festsetzt, ist: So wie ich bin, bin ich nicht gut genug; mit mir stimmt etwas nicht, an mir ist etwas falsch, und das muss ich so gut wie möglich verbergen.

Sehr oft bleibt ein solcher Glaubenssatz bis ins Erwachsenenalter hinein bestehen. Menschen, bei denen dies der Fall ist, meinen immer, sich verstellen oder etwas verbergen zu müssen, um gut genug (für die anderen) zu sein. Und wir müssen ständig etwas erreichen, etwas „vorweisen", wie eine tolle Karriere, ein schickes Auto und andere Statussymbole – um uns selbst (aber vor allem anderen) zu beweisen, dass wir „es geschafft" haben und eben doch gut genug sind. Allein wir selbst können nicht wirklich daran glauben.

Wer diesen Glaubenssatz nicht abstreifen kann, wird nie ein glückliches und erfülltes Leben führen können. Deswegen lerne, Dich zu akzeptieren und zu lieben, genau so wie Du bist. Mit allen Stärken, aber auch mit allen Schwächen. Niemand ist perfekt, aber JEDER ist gut genug!

Ich habe keine Zeit.

Ein Paradoxon: Zeit ist eine unendliche Größe, aber niemand hat sie. In Wahrheit hat jeder Zeit, und jeder hat den gleichen Anteil wie alle anderen. Und doch meinen immer mehr Menschen, sie haben ja einfach nie Zeit und würden niemals all das schaffen, was sie eigentlich schaffen müssten. Das Gedankenmuster „Ich habe keine Zeit" verursacht zwangsläufig Stress. Wer ein halbwegs entspanntes Leben führen möchte, tut gut daran, sich vom Gegenteil zu überzeugen. Du lebst in einer Welt des Überflusses und der Fülle, und auch Zeit ist für jeden ausreichend vorhanden. Wenn Du Dein Leben als zu anstrengend und zu stressig empfindest, dann liegt dies nicht an einem Mangel an Zeit, sondern daran, dass Du mehr machst, als Du müsstest und als Dir guttut. Versuch einfach einmal, einen Gang herunterzuschalten; und Du wirst sehen, für die wirklich wichtigen Dinge ist immer Zeit!

Die Welt ist schlecht.

Die Medien sind voll von Schreckensmeldungen – Klimawandel, Naturkatastrophen, Kriege, Armut, Hunger, Gewalt und nun auch noch eine Pandemie. Die Nachrichten können einen wirklich an den Rand der Verzweiflung bringen. Wer kann da überhaupt noch positiv denken und optimistisch in die Zukunft blicken? Und ist es nicht egoistisch, angesichts des vielen Elends in der Welt für sich selbst zu beanspruchen, das persönliche Glück zu finden?

Ja, es passieren viele schlimme Dinge. Aber es passieren ebenso viele schöne Dinge. Und das sind oft die kleinen Dinge, die im Verborgenen ablaufen. Das sind all die lieben und mutigen Menschen, die Tag für Tag ihren Beitrag leisten, das Leben eines anderen und damit der Allgemeinheit ein kleines bisschen besser zu machen. Da sind all diejenigen, die aufopferungsvoll Alte und Kranke pflegen, die liebevoll Kinder aufziehen, Blumen und Bäume pflanzen, sich um verlassene Tiere kümmern, einem Obdachlosen eine Mahlzeit spendieren, großzügig mit Lächeln und Komplimenten sind, einfach für andere da sind. Von all diesen Dingen erfährst Du jedoch nichts in den Medien, denn sie taugen nicht zur Schlagzeile. Mit solchen Informationen kann niemand Aufmerksamkeit erregen und damit auch nichts verkaufen. Aber auch wenn Du von den meisten Dingen nichts mitbekommst, so passieren sie dennoch millionenfach in jeder Minute.

Also – es gibt schlimme Dinge, und es gibt gute Dinge. Für mich überwiegen trotz allem die positiven Dinge. Das liegt vor allem daran, dass ich meine Aufmerksamkeit auf die guten und nicht auf die schlechten Dinge richte. Wie ist es mit Dir? Worauf liegt Dein Fokus? Lebst Du in einer positiven oder einer negativen Welt? Vergiss nicht – Deine Gedanken bestimmen Deine Realität!

Es ist nicht genug für alle da.

Es gibt sehr viele Menschen mit Mangeldenken, und getreu der These, dass unsere Realität eine Folge unserer Gedanken ist, leben diese Menschen dann auch in einer Welt des Mangels. Sehr oft haben solche

Menschen das Gefühl, „zu kurz gekommen" zu sein und/oder haben finanzielle Probleme. Nicht selten bilden sie sich letztere aber auch nur ein. Und selbst wenn sie gut verdienen und eigentlich keine Sorgen haben müssten, leben sie in der ständigen Angst, ihren Besitz zu verlieren. Und manchmal passiert dann auch genau das. Oder nehmen wir einen normal bis gering Verdienenden, der unverhofft zu Reichtum kommt, sei es durch eine Erbschaft oder einen Lottogewinn. Jeder hat schon diese tragischen Geschichten von Lottogewinnern gehört, die innerhalb kurzer Zeit den Gewinn nicht nur verprasst, sondern sich am Ende sogar noch bis über beide Ohren verschuldet hatten. Grund dafür ist nichts anderes als Mangeldenken, das Gefühl, „das steht mir doch gar nicht zu", und schwupps, folgt die Realität den Gedanken.

Dabei gibt es keinen Mangel, außer in unseren Gedanken. Ganz im Gegenteil – wir leben in einer Welt der Fülle und des Überflusses. Das einzige Problem ist die falsche Verteilung. Eigentlich könnte mit sämtlichen Lebensmitteln, die gegenwärtig produziert werden, die ganze Erde problemlos versorgt werden. Durch die ungerechte Verteilung gibt es jedoch nach wie vor Hunger, während ein Drittel aller produzierten Lebensmittel traurigerweise auf dem Müll landet. Mit einer besseren Nutzung und Verteilung, nachhaltiger Landwirtschaft und innovativen Prozessen könnte hier viel getan werden.

Wir können Glück außerhalb von uns finden.

Auch dies ist ein weit verbreiteter Glaubenssatz, dass wir „von außen" glücklich werden können, das heißt, wenn bestimmte Umstände eintreten. Zum Beispiel:

- Wenn ich nur endlich den richtigen Partner/die richtige Partnerin finde, werde ich glücklich sein.

- Mein Ziel ist erreicht, wenn ich 100.000 Euro im Jahr verdiene.

- Wenn ich doch nur in Amerika oder Australien leben könnte, dann wäre ich endlich zufrieden.

- Ich muss nur einen neuen Job finden, dann werde ich auch glücklich sein.

Manche Menschen studieren etwas, das sie langweilt, weil sie hoffen, wenn sie den Abschluss in der Tasche und einen hochdotierten Job gefunden haben, werden sie zufrieden sein. Andere verbringen ihre gesamte Freizeit auf Dating-Portalen, weil sie meinen, sie sind erst glücklich, wenn sie den passenden Partner an ihrer Seite haben. Und es gibt Menschen, die ziehen alle paar Jahre um, gerne auch einmal in eine andere Stadt oder gar ins Ausland, weil sie meinen, nur der „richtige" Wohnsitz kann dauerhaftes Wohlbefinden bringen.

Alle diese Menschen irren. Wer nicht in sich ruht, wird auch am anderen Ende der Republik oder auf den Bahamas nicht zur Ruhe kommen. Wer sich nicht selbst liebt, wird mit keinem noch so „perfekten" Partner glücklich werden. Und kein Geld der Welt entschädigt für einen Job, in dem man sich fehl am Platze fühlt. Egal, wie schnell solche Menschen dem Glück hinterherlaufen, es wird ihnen immer ein paar Schritte voraus sein.

Die Folgen sind nicht selten Dauerstress bis hin zu einem handfesten Burnout. Spätestens dann zwingt das Leben uns, endlich einmal anzuhalten und nach innen zu schauen. Denn das wahre Glück finden wir niemals im Außen, sondern nur in uns selbst.

Ich kann getrennt von allen anderen existieren.

Gerade in unserer westlichen Kultur erleben viele ihren Körper und Geist als getrennt vom Rest der Welt. Das liegt in der Regel an Erziehung und Sozialisierung. In asiatischen Ländern, in denen die Verbundenheit mit allem gelehrt wird, sieht dies meist ganz anders aus. Gelingt es auch uns zu verinnerlichen, dass alles in Verbindung ist und nichts getrennt voneinander funktionieren kann, würden sich etliche Probleme leicht in Luft auflösen. Denn dann würde jeder verstehen, dass er sich selbst schadet, wenn er anderen schadet. Rivalität, Neid und Konkurrenzkampf wären überflüssig, wenn jeder sich an seinem individuellen Platz im großen Ganzen verstehen würde, an dem er seinen Beitrag zur Allgemeinheit leistet.

Wie sieht es bei Dir aus? Erkennst Du Dich in diesen Glaubenssätzen oder in einigen davon wieder? Und siehst Du, dass solche Gedankenmuster Dich beeinflussen und ein erfülltes, selbstbestimmtes Leben verhindern? Du hast es in der Hand – woran willst Du in Zukunft glauben? Wenn auch Du in negativen Glaubenssätzen verhaftet bist, dann hast Du es in der Hand, diese zu erkennen und in positive umzuwandeln. Du entscheidest, was Du denkst und damit, wie Deine Realität aussehen wird.

Kapitel 8
Positiv statt negativ denken – so funktioniert es

Negative Glaubenssätze können in positive verwandelt werden. Und am einfachsten funktioniert dies über positives Denken. Wer positiv denkt, sieht in jeder Situation zuerst das Gute und stellt das weniger Gute in den Hintergrund. Für denjenigen ist also das Glas halb voll statt halb leer. Positives Denken spielt bei der Selbstfindung eine große Rolle, da es bedeutet, an sich zu glauben, sich etwas zuzutrauen, seine Möglichkeiten zu nutzen und auch schwierige Dinge mit Mut und Entschlossenheit anzugehen. Wer Biographien von berühmten erfolgreichen Menschen liest, wird schnell feststellen, dass dieser Erfolg immer auch mit positivem Denken zu tun hat. Es handelt sich sehr oft um Menschen, die an eine unmöglich scheinende Vision geglaubt und diese auch verwirklicht haben. Wer positiv denkt, hat viele Vorteile im Leben, unter anderem diese:

- Positives Denken stärkt das Selbstwertgefühl und das Selbstbewusstsein.

- Positives Denken fördert Umsicht und Toleranz und macht offen für neue Horizonte.

- Wer positiv denkt, ist erwiesenermaßen glücklicher und zufriedener als jemand, der negativ denkt.

- Wer positiv denkt, hat größere Chancen, beruflich erfolgreich zu sein und Karriere zu machen.

- Positives Denken macht gesund: Wenn ein Kranker beispielsweise fest daran glaubt, dass er geheilt werden wird, steigen seine Chancen, auch ernsthafte Erkrankungen zu besiegen.

- Negatives Denken lähmt, während positives Denken mutig und handlungsfähig macht.

- Untersuchungen haben gezeigt, dass bei positiv denkenden Menschen die Sinnesorgane besser funktionieren. Man kann also sagen, dass positives Denken im wahrsten Sinne des Wortes „die Augen öffnet".

- Wer das positive Denken erlernt, lernt dabei noch etwas anderes, sehr Wichtiges – nämlich, dass der Betreffende Herr seiner Gedanken und somit seines Lebens ist.

Du willst raus aus Deinen negativen Gedankenmustern und hin zu einer positiven, optimistischen Lebenseinstellung? Positiv zu denken – das kannst Du erlernen! Hier sind zehn Tipps, wie Dir das gelingt:

Keep smiling!

Es macht mich immer sehr traurig zu sehen, wie viele Menschen griesgrämig mit herabhängenden Mundwinkeln herumlaufen. Glücklicherweise gibt es aber auch die anderen – diejenigen, die immer ein fröhliches Lächeln auf den Lippen haben, denen sozusagen das Lächeln ins Gesicht gemeißelt ist. Menschen, die lächeln, sind fast immer glücklich und ruhen in sich selbst. Dabei ist das Lächeln einerseits der äußere Ausdruck dieser Zufriedenheit, andererseits werden im Gehirn bereits durch einen frohen Gesichtsausdruck Glückshormone freigesetzt. Dies haben Untersuchungen eindeutig ergeben. Dies deutet darauf hin, dass unser Gehirn in der Lage ist, sich die Informationen über unseren Gemütszustand von den Gesichtsmuskeln „abzuholen". Deshalb lächle! Ein Lächeln im Gesicht hilft Dir nicht nur, die Welt um Dich mit positiven Gefühlen zu betrachten, damit siehst Du auch viel besser aus!

Beginne jeden Tag mit positiven Gedanken!

Bei vielen Menschen beginnen die negativen Gedanken bereits am frühen Morgen. Sie quälen sich mit einiger Mühe aus dem Bett und sind auch schon genervt von der ach so großen Last, die im Laufe des Tages auf sie wartet. Und da Gedanken die Realität erschaffen, werden die

Befürchtungen in der Regel auch wahr – der Tag besteht aus Lasten und Mühen. Nimm dir solche Miesepeter nicht zum Beispiel. Starte stattdessen mit positiven Gedanken in den neuen Tag! Vielleicht magst Du Dir ein Ritual angewöhnen, in dem Du Dir sagst, ich bin dankbar, dass ich gesund aufgewacht bin, ich freue mich auf den neuen Tag, auf die neue Chance! Denn das ist ein Glück, das nicht jeder hat. Kennst Du das Wiegenlied „Guten Abend, gute Nacht"? Ein schönes altes Kinderlied, das ich als Kind gerne gehört und Jahre später meinen Kindern ebenso gerne vorgesungen habe. Eine Zeile dieses Liedes lautet: „Morgen früh, wenn Gott will, wirst Du wieder geweckt" – eine Zeile, die bei mir sowohl als Kind als auch als Mutter für Gänsehaut gesorgt hat. Wenn Gott will, werde ich also wieder geweckt. Und wenn nicht? Es ist bei weitem nicht selbstverständlich, dass Du Tag für Tag gesund aufwachst und die Chance eines neuen Tages bekommst. Sei dankbar darüber und beginne diese Chance mit positiven Gedanken!

Always look on the bright side of life!

Menschen, die positiv denken, suchen in jeder Situation das Positive – auch und gerade in denen, die zunächst ärgerlich, traurig oder beängstigend erscheinen. Du kommst mal wieder verspätet aus dem Büro, in der Nähe Deines Hauses ist bereits alles zugeparkt und Du findest nur mit viel Mühe einen Parkplatz mehrere Straßen weiter. Nun kannst Du Dich darüber halbtot ärgern, dass Dein Auto so weit entfernt steht, Du kannst Dich aber auch freuen, dass Du auf diese Weise noch einen Abendspaziergang in der frischen Luft unternehmen kannst. Oder: Du freust Dich auf einen Feierabend am Laptop, willst noch ein bisschen mit Freunden chatten und ein paar Online-Einkäufe tätigen. Ausgerechnet an diesem Abend fällt nun das Internet aus! Nun kannst Du jammern, dass Du Dich für wenige Stunden vom Rest der Welt abgetrennt fühlst, oder aber Dich freuen, dass Du es Dir mit einem guten Buch und einem Glas Wein auf der Couch gemütlich machen kannst. Oder: Vor kurzem hat Dein altes Auto endgültig den Geist aufgegeben, da Du aber auf einen fahrbaren Untersatz angewiesen bist, musste ein neuer Wagen her. Und das, nachdem erst vor ein paar Wochen eine kostspielige Dachreparatur notwendig war. Beides zusammen bedeutet leider, dass eine Urlaubsreise in diesem Jahr ausfallen muss. Nun kannst Du mit Deinem Schicksal darüber hadern oder aber Dich freuen, dass Dir lange Warterei auf dem Flughafen und verspätete Flieger erspart bleiben, und stattdessen die Gelegenheit nutzen, endlich einmal die vielen verborgenen Schätze direkt vor Deiner Haustür zu erkunden. Und davon gibt es eine ganze Menge, glaub mir! Siehst Du? Jede Situation hat zwei Seiten, und oft merkt man erst hinterher, dass man fast allem etwas Positives abgewinnen kann. Es liegt an Dir, ob Du die positive oder die negative Seite betrachtest.

Keine Aufmerksamkeit den negativen Gedanken!

Negative Gedanken üben eine Macht auf uns aus, die viele von uns unterschätzen. Auf Dauer können solche negativen Glaubenssätze unser Selbstvertrauen sowie unseren Mut und unsere Lebensfreude zerstören. Dies können sie jedoch nicht von allein, sondern nur, wenn wir ihnen die Macht dazu geben. Deshalb solltest Du genau das nicht tun! Schenke negativen Gedanken keine Aufmerksamkeit, lass sie ganz einfach links liegen! Wenn Du damit konsequent bist, haben solche Gedanken schon bald keine Macht mehr über Dich. Deshalb: Sobald Du spürst, dass Sorgen, Selbstzweifel oder Ängste Eingang in Deine Gefühlswelt finden wollen, schick sie weg. Zieh gedanklich einen dicken Schlussstrich unter die negativen Gedanken und wende Dich direkt anderen, schönen Dingen zu! Du wirst sehen, es geht ganz schnell, und anstatt negativer werden Dich ganz viele positive Gedanken und Gefühle durchströmen.

Keine Vergleiche!

Ganz frei von Neid ist sicherlich niemand von uns, und bestimmt hast auch Du schon des Öfteren etwas neidisch nach links oder rechts geschaut. Auf den schnittigen Sportwagen des Kollegen, auf das große, moderne Haus der Nachbarn. Auf die Schwester, die schlanker ist, auf die Freundin, die sich schon wieder ein paar Tüten neue Klamotten gekauft hat, denen man deutlich ansieht, dass sie diese nicht vom Wühltisch geklaubt hat. Auf die Kollegin, die strahlend und braungebrannt vom Urlaub auf den Seychellen zurückkommt, während es bei Dir dieses Jahr nur mit viel Mühe zu ein paar Tagen im Bayerischen Wald gereicht hat. Natürlich gibt es immer jemanden, der besser verdient, der (scheinbar) besser aussieht, besser beim anderen Geschlecht ankommt. Und vieles mehr. Es gibt aber wahrscheinlich viel mehr Menschen weltweit, denen es deutlich schlechter geht und die gerne die Chancen hätten, die Du hast. Deshalb bringt es nichts, sich ständig mit anderen zu vergleichen und dabei negative Gefühle wie Neid und Missgunst zu entwickeln. Freu Dich viel lieber über alles das Gute, was das Leben Dir geschenkt hat. So wie Du bist – so bist Du perfekt!

Umgib Dich mit positiven Menschen!

Es gibt viele Faktoren, die eine Rolle spielen, ob wir negative oder positive Gedanken entwickeln. Einer davon ist unser Umfeld, also die Menschen, mit denen wir uns umgeben. Jemand, der ständig mit Leuten zu tun hat, die immer schwarzsehen und ständig nörgeln und jammern, der wird diese negative Einstellung früher oder später übernehmen. Und das Gegenteil trifft ebenso zu: Wer in seinem Umfeld vor allem lebensfrohe, entspannte und optimistische Menschen hat, der wird ebenfalls eine positive Lebenseinstellung entwickeln. Wie sieht es in Deinem Leben aus? Wie ist Dein Umfeld? Gibt es darin eher Schwarzseher und Miesepeter oder eher die fröhlichen Sonnenkinder?

Alles musst Du nicht wissen!

Wir leben in einer schnelllebigen Zeit, in der Informationen aller Art im Sekundentakt um die Welt gejagt werden – über TV, Presse, Internet und die sozialen Netzwerke. Jemand, der ständig online ist, um nur ja keine Neuigkeit zu verpassen, gewinnt sicher schnell den Eindruck, dass nur noch furchtbare Dinge wie Kriege, Naturkatastrophen, Epidemien und Verbrechen geschehen. Es vergeht kaum ein Tag, an dem nicht in irgendeinem Winkel dieser Welt etwas Schlimmes passiert. Dies führt bei vielen Menschen zu Verunsicherung, Angst und Sorge. Dabei darfst

Du jedoch nicht vergessen, dass die Medien vor allem eines wollen – sich möglichst gut verkaufen. Und dies gelingt ihnen nun einmal nur mit der entsprechenden Aufmerksamkeit seitens der Konsumenten. Und Aufmerksamkeit wiederum erzeugt man nicht mit Meldungen à la „Der gestrige Tag verlief ohne Auffälligkeiten oder besondere Ereignisse. Es wurde niemand überfallen, niemand getötet, und nicht mal ein harmloser Handtaschendiebstahl" hat sich ereignet. Niemand würde solche Nachrichten sehen bzw. lesen wollen. Aufmerksamkeit erregen vielmehr die Schreckensmeldungen über Erdbeben, Terroranschläge und immer neue Krankheiten. Deshalb kann es nicht schaden, sich ab und zu eine Nachrichtensperre, oder zu neudeutsch eine „Digital Detox", zu verordnen. Gönne Dir daher immer mal ein paar Tage, an denen das TV ausbleibt und Du Dich auch von Facebook und Twitter fernhältst. Lass es nicht zu, dass ständige Negativmeldungen Dich beunruhigen und runterziehen und negative Gedanken in Dir erzeugen. Nutze diese Zeit dann, um Dich bewusst mit den schönen Dingen des Lebens zu beschäftigen.

Raus aus der Opferrolle!

Eine ganz wichtige Rolle im positiven Denken und damit auch in der Selbstfindung spielt die Fähigkeit, die Verantwortung für das eigene Leben zu übernehmen. Klingt einfach und selbstverständlich, ist es aber nicht unbedingt. Du glaubst nicht, wie viele Menschen in einer Opferrolle festhängen, das heißt, sie sehen sich als das arme Opfer der Umstände oder anderer Menschen und geben diesen die Schuld, dass immer mittelschwere Katastrophen in ihrem Leben passieren, derentwegen sie immer wieder ausgebremst werden und nichts auf die Reihe bekommen. Eine solche Einstellung ist ganz falsch! Jeder ist Herr seines Lebens, jeder steuert ganz allein das Schiff seines Lebens – und niemand sonst! Hast Du dies erst einmal wirklich verstanden, wirst Du nie wieder zulassen, von Dir selbst oder anderen zum Opfer gemacht zu werden.

Setze Grenzen!

Eine positive Lebenseinstellung ist eine feine Sache, nur leider schwer umzusetzen, wenn die eigenen Grenzen andauernd von anderen missachtet und übertreten werden. Sie nutzen die Tatsache aus, dass es vielen Menschen schwerfällt, ihre Grenzen zu setzen und diese gegenüber anderen auch klar zu kommunizieren. Für Dein seelisches Wohlbefinden und ein positives Mindset ist es jedoch unerlässlich, dass Du stets auf Deine Bedürfnisse und Grenzen achtest. Wenn Du gut für dich sorgst, trägst du damit wesentlich zu einer positiven Einstellung bei.

Freu Dich über Erfolge!

Bestimmt hast Du schon eine ganze Menge in Deinem Leben erreicht. Freu Dich doch über Deine Erfolge anstatt über Rückschläge und Misserfolge zu jammern! Hilfreich kann dazu eine Liste sein, in der Du alles notierst, was Du bisher erreicht hast: Mittlere Reife oder sogar Abitur, Berufsausbildung, Studium, bestandene Führerscheinprüfung, vielleicht ein Haus gekauft oder gebaut, eine Familie gegründet und Erfolg im Beruf. Da kommt ganz sicher einiges zusammen! Platziere diese Liste an einem prominenten Ort in Deiner Wohnung und ergänze sie regelmäßig um die Dinge, die neu dazukommen. Dies müssen nicht immer Lebensveränderungen wie ein neuer Job, eine neue Wohnung oder eine erfolgreich absolvierte Fortbildung sein. Auch relative Kleinigkeiten kannst Du als Erfolg verbuchen – z.B., dass Du den längst fälligen Zahnarzttermin endlich hinter Dich gebracht oder dass Du endlich den Keller entrümpelt hast, nachdem Du dies jahrelang vor Dir hergeschoben hattest. Eine solche Liste kann sehr motivierend sein, Dein positives Lebensgefühl ständig weiterzuentwickeln.

Kapitel 9
Schwierigkeiten bei der Selbstfindung und wie Du sie überwindest

Warum gibt es überhaupt Schwierigkeiten bei der Selbstfindung? Das größte Hindernis dabei sind die schier unendlichen Möglichkeiten, die heutzutage jedem offen stehen. Zu früheren Zeiten gab es das Wort „Selbstfindung" noch gar nicht, und niemand wäre je auf die Idee gekommen, sich auf den Selbstfindungstrip zu begeben. Man wurde halt in eine bestimmte Rolle im Leben hineingeboren und hatte so gut wie keine Möglichkeiten, den vorgeschriebenen Pfad zu verlassen.

Ist es nun eher ein Segen oder ein Fluch, dass Du in der heutigen Zeit lebst? Du musst nicht heiraten und Kinder bekommen, Du musst nicht den gleichen Beruf wie Dein Vater erlernen und das Familienunternehmen weiterführen. Du musst nicht Dein Leben an dem Ort verbringen, an dem Du geboren wurdest. Du hast viel mehr Optionen: Du kannst eine Familie gründen oder allein leben, Du kannst in der Stadt leben oder auf dem Land, Du kannst in ein fernes Land auswandern. Du kannst Professor, Bankdirektor, Architekt, Lehrer oder Gärtner werden; Du kannst in einem Angestelltenverhältnis arbeiten oder Dein eigener Chef sein. Es gibt fast nichts, was es nicht gibt.

So schön es auf der einen Seite ist, dass uns alle Möglichkeiten offenstehen – auf der anderen Seite kann dies zu einem gewaltigen Problem werden, nämlich dann, wenn sich jemand einfach nicht entscheiden kann. Denn viele Optionen führen nicht selten dazu, dass jemand sich verzettelt, ständig etwas Neues ausprobiert und seine wahre Berufung womöglich doch nicht findet. Was sind die größten Stolpersteine auf dem Weg zum eigenen Ich?

Ich bin eine Scanner-Persönlichkeit.

Manche Menschen haben ihr ganzes Leben eine einzige Leidenschaft, für die sie sich begeistern, bei dem einen ist es die Musik, bei einem anderen sind es Naturwissenschaften, bei einem Dritten ist es vielleicht die Literatur oder die Technik. Dann gibt es wiederum Menschen, die am liebsten alles machen möchten, die am liebsten gleichzeitig Arzt, Politiker, Schriftsteller und Programmierer sein wollen. Hierbei handelt es sich um die sogenannten Scanner-Persönlichkeiten, die meist viel in ihrem Leben ausprobieren, immer in der Hoffnung, den einzig richtigen Weg zu finden. Ihr Problem dabei ist, dass eine Entscheidung für eine Sache gleichzeitig der Verzicht auf eine andere Sache bedeutet. Wer sich für ein Medizinstudium entscheidet, kann nicht wissen, ob er nicht vielleicht ein toller Rechtsanwalt geworden wäre. Darunter leiden Scanner-Persönlichkeiten, weil sie permanent das Gefühl haben, etwas in ihrem Leben zu verpassen. Gehörst auch Du zu den „Scannern"? Dann solltest Du Dir die folgenden Punkte verinnerlichen:

- Wenn Du Dich für etwas entscheidest, ist dies nicht in Stein gemeißelt. Du kannst Dich immer wieder neu entscheiden!

- Schreibe alle Ideen und Pläne auf. Da Scanner ständig neue Ideen haben, könnten diese sonst verloren gehen bzw. vergessen werden.

- Mach Dir einen Plan für die kommenden fünf Jahre. So nimmst Du Dir den Druck, alle Deine Ideen im nächsten halben Jahr realisieren zu müssen.

- Akzeptiere, dass Du ein Scanner bist, und finde Deinen persönlichen Rhythmus. Es gibt Scanner, die brauchen nach sechs oder acht Monaten eine neue Beschäftigung, andere können sich nicht länger als wenige Stunden auf eine bestimmte Sache konzentrieren.

- Hab kein schlechtes Gewissen, wenn Du schnell das Interesse verlierst und ständig neuen Input brauchst. Du kannst nichts dafür, es liegt in der Natur eines Scanners.

Mir macht einfach nichts Spaß.

Manch einer ist von der Vielfalt der Möglichkeiten überfordert, probiert hunderte Sachen aus, nur um festzustellen, dass auch von hundert Dingen nichts dabei ist, das ihm wirklich Spaß macht, wofür er sich wirklich begeistern kann. Es gibt eben Menschen, denen fällt die Selbstfindung nicht so leicht wie anderen. Hier können bestimmte Fragen sehr hilfreich sein. Sieh Dir dazu einmal folgende Graphik an: (Quelle: https://www.selbstbewusstsein-staerken.net)

Sie zeigt Dir die drei wichtigsten Lebensbereiche an, wenn es um das Finden Deines wahren Ichs und Deiner Berufung geht. Diese sind:

- Ich liebe – dies sind die Dinge, die Du gerne tust, also Deine Interessen und Hobbys.

- Ich kann gut – dies sind Deine besonderen Gaben, Stärken und Fähigkeiten, die Dinge, deren Erlernen Dir leicht fällt, und alle Ausbildungen von Schule bis Uni, die Du bislang absolviert hast.

- Die Welt braucht – dies sind die Dinge, die wichtig für unsere Gesellschaft sind, mit denen Du Deine Mitmenschen unterstützen kannst.

Sicher ist Dir aufgefallen, dass die dargestellten Bereiche sich teilweise überschneiden. An der Graphik kannst Du ebenso erkennen, dass Deine „Berufung" nur an dem Punkt gefunden werden kann, an dem sich alle drei Bereiche kreuzen. Deine Berufung ist also etwas, das Du gut kannst, das Dir Spaß macht und das die Welt braucht. Überschneiden sich nur zwei Felder, wirst Du folgende Probleme bekommen:

- Wenn Du etwas gut kannst, das Dir auch Spaß macht, das die Welt jedoch nicht braucht, dann findest Du damit allenfalls ein Hobby, aber keine(n) Beruf(ung).

- Wenn Du etwas gut kannst, das auch anderen nützt, Dir aber keinerlei Spaß macht, wirst Du auf Dauer frustriert sein.

- Wenn Dir etwas Spaß macht, das die Welt braucht, Du aber es nun mal nicht kannst, dann wirst Du es nur realisieren können, wenn Du Dich ständig abmühst – was wahrscheinlich am Ende auch wieder zu Frustrationen führen wird.

Nur am Schnittpunkt aller drei Felder kannst Du wirklich Dein volles Potenzial entfalten und dauerhaft glücklich und erfolgreich sein. Wie findest Du aber diese „goldene Mitte"? Dazu gehst Du folgendermaßen vor:

Du schreibst eine Liste, bestehend aus drei Spalten, auf ein Blatt Papier, und diese Spalten benennst Du:

- Was ich liebe

- Was ich gut kann

- Was die Welt braucht.

Dann schreibst Du in jede Spalte alles, was Dir dazu einfällt. Anschließend vergleichst Du die Einträge und suchst nach Übereinstimmungen, aber wie gesagt, nur die Dinge, die wirklich in sämtlichen drei Spalten zu finden sind. Markiere diese Einträge – sie sind wertvolle Hinweise zu Deiner Selbstfindung.

Vielleicht fallen Dir nicht sofort ausreichend Antworten ein. Macht nichts, lass Dir ruhig Zeit. Manch einer braucht vielleicht etwas länger, um seine Intuition zu wecken. Wenn dies bei Dir der Fall ist, nimm erstmal etwas Abstand. Geh etwas spazieren oder joggen, lenk Dich ab und dann versuchst Du es einfach noch einmal. Du wirst sehen, mit der Zeit wirst Du immer mehr Antworten finden, und die „richtigen" Dinge werden sich Dir zeigen.

Die Erwartungen anderer

Sie stehen der Selbstfindung wahrscheinlich am meisten im Weg – die Wünsche und Erwartungen unserer lieben Mitmenschen. Und dabei hindert Dich mit Sicherheit niemand bewusst daran, an Deiner Selbstverwirklichung zu arbeiten. Deine Eltern wollen sowieso „nur das Beste" für Dich, Kollegen und Vorgesetzte fürchten, Du könntest an ihnen vorbeiziehen, der Partner hat Angst, dass, während Du Dich findest, er Dich verlieren könnte, und Deine Freundin schielt vielleicht neidisch auf Dich, wenn Du den Mut hast, Deine Träume zu realisieren. Viele Menschen wagen es nicht, einen vielleicht nicht ganz so gängigen Weg einzuschlagen, weil sie meinen, dann den Erwartungen von außen nicht zu entsprechen. Die häufigsten Gründe sind

- Angst, nicht respektiert und akzeptiert zu werden

- Angst, liebgewonnene Menschen zu enttäuschen oder zu verletzen

- das Bedürfnis, gebraucht zu werden

- besonders stark ausgeprägte Empathie

- Angst vor Auseinandersetzungen und Konflikten (Stichwort Harmoniesucht!)

- das sogenannte Helfersyndrom

Deshalb musst Du eines lernen – der wichtigste Mensch in Deinem Leben bist DU, und niemand anders! Wenn Du Deinen eigenen Weg gehen willst, wirst Du nicht umhin können, Dich von den Erwartungen Deines Umfelds zu lösen. Du bist niemandem verpflichtet, aus Rücksicht oder „weil man es so macht" auf die Verwirklichung Deines Lebenssinns zu verzichten!

Deine Ängste stehen Dir im Weg.

Du weißt genau, was Du willst, aber wegen Deiner Ängste traust Du Dich nicht, Deine Träume in die Realität umzusetzen. Wahrscheinlich hat jeder, der sich schon einmal auf dem Selbstfindungstrip befand, solche Ängste gespürt. Es ist auch nicht so einfach, seine gewohnten Gleise und damit die Komfortzone zu verlassen. Das kann verheißungsvoll, aber ebenso etwas erschreckend sein. Ängste, die uns im Zusammenhang mit der Selbstfindung quälen können, sind vor allem:

- Angst vor Veränderungen

- Angst, Fehler zu machen

- Angst vor Neuem

- Angst vor dem Scheitern

- Angst, das wahre Ich zu zeigen

- Angst vor dem Urteil anderer

Dabei sind fast alle Ängste unbegründet und spielen sich ausschließlich in Deinem Kopf ab. Und der beste Weg, die Ängste loszuwerden, ist die Aktion. Sobald Du Dich in Bewegung setzt und beginnst, Veränderungen in Deinem Leben herbeizuführen, verschwinden die meisten Ängste. Und schon merkst Du, dass es völlig überflüssig war, Dir Sorgen zu machen. Dann wird der Erfolg auch nicht lange auf sich warten lassen, und Du wirst Dir immer mehr zutrauen.

Kapitel 10
In 2 x 12 Schritten zu Dir selbst

Im Folgenden möchte ich Dir verschiedene Methoden vorstellen, die Dich in Deiner Selbstfindung sehr gut unterstützen können. Es handelt sich hierbei um zwölf Denker- und zwölf Action-Übungen.

Die zwölf Denker-Übungen

Bei diesen Übungen geht es darum, dass Du Dir imaginäre Situationen erschaffst und sich daraus ergebende Fragen möglichst schnell - sozusagen aus dem Bauch heraus – beantwortest.

Die Zeitreise

Begib Dich auf eine Zeitreise und triff Dich mit Dir selbst im Alter von zehn Jahren. Stell Dir vor, dieses zehnjährige Kind fragt Dich, was Du aus Deinem Leben gemacht hast, was Dich glücklich und was Dich unglücklich macht. Was müsstest Du Deinem jüngeren Selbst erzählen, damit dieses Kind Dich mit großen, leuchtenden Augen anschaut und sagt: „Boah, das ist aber cool!"?

Der Überlebenskünstler

Stell Dir vor, Du reist in ein fremdes Land und verlierst unterwegs Dein gesamtes Geld einschließlich Kreditkarten, oder es wird Dir gestohlen. Was könntest Du vor Ort spontan machen, um Dir das nötige Geld für den Aufenthalt zu verdienen? Hast Du ein bestimmtes Talent, das Einheimische und andere Touristen derart begeistern könnte, dass sie Dich dafür bezahlen würden? Und würde Dir das womöglich sogar einen Riesenspaß machen, so dass Du trotzdem nicht das Gefühl verlierst, im Urlaub zu sein?

Vorbilder

Welche Menschen hast Du als Kind bewundert, welche faszinieren Dich heute? Gibt es jemanden, dem Du nacheiferst, der ein Vorbild für Dich ist? Das kann ein Schauspieler oder ein Schriftsteller ebenso sein wie eine historische Persönlichkeit. Aber auch weniger berühmte Personen wie beispielsweise Dein Vater, Dein Chef oder ein Kollege können Vorbilder sein. Was macht diesen Menschen so besonders, womit inspiriert er Dich, dass Du ihm gerne nacheifern möchtest? Welche Talente und Charaktereigenschaften würdest Du gerne von Deinem Vorbild übernehmen?

Besondere Orte

Nicht nur Menschen können uns inspirieren und damit unseren Selbstfindungsprozess vorantreiben, auch bestimmte Orte – sogenannte Kraftorte – vermögen dies. Dies können ganz unterschiedliche Orte sein – ein Park in Deinem Heimatort kann ebenso ein Kraftort sein wie ein Fischerdorf auf einer griechischen Insel, wo Du besonders gern Urlaub machst, wie eine „besondere" Ecke in der Wohnung oder der Lieblingsbuchladen. Was ist für Dich ein solcher Ort, wo hältst Du dich am liebsten auf? Ist es an diesem Platz eher ruhig, befindet er sich in der Natur, oder sind an diesem Ort viele Menschen und herrscht da immer Trubel? Alle diese Dinge sind Hinweise darauf, wo Du Dich generell im Leben am wohlsten fühlst.

Der Energiekompass

Ist Dir das auch schon einmal aufgefallen? Du hast einen ganz normalen Tag im Büro verbracht, keine körperliche Arbeit verrichtet und hin und wieder ein Päuschen eingelegt. Trotzdem sinkst Du anschließend zu Hause nur noch auf Dein Sofa und bist zu nichts anderem mehr fähig, als den Abend vor dem TV mit einem Glas Wein zu beenden. Zu einem anderen Zeitpunkt befindest Du Dich im Urlaub in einem interessanten Land, von dem Du möglichst viel entdecken willst. Du bist den ganzen Tag auf Achse, brichst gleich am Morgen zu einer Wanderung durch die atemberaubende Landschaft auf, besichtigst am Nachmittag eine Burg, und am Abend erkundest Du noch die Gassen der Altstadt. Danach müsstest Du zu Tode erschöpft sein, dennoch denkst Du noch lange nicht an eine Rückkehr ins Hotel, sondern kehrst noch in ein Lokal ein, um Dich von der landestypischen Küche verwöhnen zu lassen. Warum ist das so? An einem Bürotag – sofern Du nicht zu den Glücklichen zählst, die ihr Hobby zum Beruf gemacht haben und für ihre Arbeit brennen – beschäftigst Du Dich öfter mit Dingen, die Du nicht besonders magst bzw. die eben erledigt werden müssen. Dies raubt Dir Energie. An einem Urlaubstag beschäftigst Du Dich hingegen ausschließlich mit Dingen, die Du gerne tust – und das gibt Dir Energie. Nutze demzufolge Dein Energielevel als eine Art Kompass, der Dir zeigt, welche Aktivitäten Dir Energie spenden und welche Dir Energie wegnehmen.

Die Not-to-do-Liste

Mach Dir eine „Auf keinen Fall-Liste", in der Du alles aufschreibst, was Du in Deinem Leben unter gar keinen Umständen machen möchtest. Ich habe glücklicherweise meinen Traumberuf ergriffen – dennoch hätte ich mir mehrere Alternativen vorstellen können, wenn dies nicht geklappt hätte. Aber es gab auch Berufe, die ich auf gar keinen Fall hätte ausüben wollen; dazu gehörten beispielsweise Lehrer und Zahnarzt. Schreibe in diese Liste nicht nur, welche Berufe nicht infrage kommen, notiere dort alle Dinge, die Du niemals machen würdest, wie beispielsweise bestimmte Länder nicht zu bereisen, weil Du keine Hitze verträgst, oder einen Fallschirmsprung oder eine Schlange anfassen. Begründe in der Not-to-do-Liste, warum Du diese Dinge niemals tun würdest. Siehst du Parallelen und Zusammenhänge? Du kannst die Liste auch erweitern, indem Du Dinge mit aufnimmst, die du bereits einmal getan hast, und die für Dich eine so negative Erfahrung waren, dass Du sie unter keinen Umständen noch einmal erleben möchtest. Übrigens kann diese Übung auch zu einem ganz unterhaltsamen Spiel mit Freunden umfunktioniert werden.

Apocalypse Now

Stell Dir folgendes Szenario vor: Ähnlich wie im Film „The Walking Dead" wurde die Erde fast völlig zerstört, und es gibt nur wenige Überlebende. Alles, was unsere moderne Welt ausmacht, gibt es nicht mehr – keine Supermärkte, keine Restaurants, keine Produktionsbetriebe, keine Banken, kein Geld. Was könntest Du beitragen, damit wenigstens die kleine Gruppe Überlebender weiter existieren kann? Welche Talente und Fertigkeiten hast Du, um Dich ins Gruppenleben einzubringen?

Das Tier in Dir

Es gibt Religionen, da glauben die Menschen, sie werden als Tiere wiedergeboren. Auch wenn Du wahrscheinlich eher nicht zu denen gehörst, die das glauben, hast Du Dir vielleicht schon einmal überlegt, was wäre, wenn Du einmal für eine gewisse Zeit in die Haut eines Tieres schlüpfen könntest. Welches Tier wärst Du dann am liebsten? Fragst Du Dich gerade, was diese komische Frage mit Selbstfindung zu tun hat? Dann überlege mal, welche Tiere welche Eigenschaften besitzen. Ist es ein Herdentier oder ein Einzelkämpfer? Lieber eine gewandte Katze, die zwar gerne schmust, sich aber von niemandem auf der Welt einen Willen aufzwingen lässt? Oder ein treuer Hund, der seinem Herrn auf Schritt und Tritt folgt und alles für ihn tun würde? Vielleicht ein kraftstrotzendes Pferd, das wild über die Weide galoppiert? Oder doch lieber ein stolzer Adler, der sich hoch in die Lüfte schwingt und sich durch nichts und niemanden aufhalten lässt?

Alles auf Neustart

Stell Dir vor, Du hättest die Chance, noch einmal geboren zu werden und könntest Dir vorher ein paar Dinge aussuchen. Mit welchen Fähigkeiten und Stärken würdest Du die Welt erneut betreten wollen? An welchem Ort würdest Du gern geboren werden und in welche Familie – eine Großfamilie oder wärst Du lieber das einzige Kind Deiner Eltern?

Der Jackpot

Stell Dir vor, Du hättest durch einen Lottogewinn oder eine unverhoffte Erbschaft so viel Geld zur Verfügung, dass Du bis zu Deinem letzten Atemzug nie wieder zum Broterwerb arbeiten müsstest. Was würdest Du tun? Klar, zuerst würdest Du Dir sicher ein paar Wünsche erfüllen – eine Villa, ein Ferienhaus im Süden, eine Weltreise, ein schickes Auto und noch ein paar „Kleinigkeiten" mehr. Aber dann? Womit würdest Du Deine Zeit verbringen? Würdest Du Deinen aktuellen Job weiter ausüben, weil er Dir Spaß macht? Würdest Du die Arbeitszeit reduzieren? Oder könntest Du Deinem Chef gar nicht schnell genug die Kündigung vor die Füße werfen? Für mich war es vor einigen Jahren die bereits weiter oben erwähnte Tätigkeit als Fremdenführerin, die ich immer als „bezahltes Hobby" bezeichnete, und die ich auf jeden Fall auch ehrenamtlich weitergemacht hätte, wenn denn mal ein größerer Geldsegen auf mich herabgeregnet wäre. Meinen heutigen Job mag ich auch, aber ehrlicherweise muss ich zugeben, ich würde ihn im Fall eines solchen Geldsegens wohl aufgeben oder zumindest stark reduzieren und mich vorwiegend meinem zweiten Standbein, dem Schreiben, widmen. Wie sieht es bei Dir aus? Angenommen, Du würdest Deinen Job kündigen, womit würdest Du Deine Tage füllen? Würdest Du Dich sozial engagieren, würdest Du malen oder Dich für unbestimmte Zeit auf Reisen begeben?

Positiv denken

Einen ganz entscheidenden Einfluss auf Deine Zufriedenheit hat deine innere Einstellung. Das heißt im Klartext, je positiver Du eingestellt bist, desto besser geht es Dir und desto zufriedener bist Du. Dabei geht es jedoch keinesfalls darum, Dir immer alles schönzureden, sondern um eine grundsätzlich positive Einstellung zum Leben – auch und gerade dann, wenn es mal nicht so gut läuft. Natürlich gehören Zweifel, Ängste und Sorgen zum Leben, und es ist wohl niemand frei davon. Wichtig ist jedoch, sich von ihnen nicht beherrschen zu lassen, sondern zu lernen, offen und positiv mit ihnen umzugehen.

Setz Dir Ziele!

Wer nicht weiß, wohin er will, wird wohl auch niemals ankommen. Ziele setzt Du Dir jeden Tag, ohne dass Du Dir das immer bewusst bist. Jedes Mal, wenn Du das Haus verlässt, wenn Du Dich ins Auto setzt oder aufs Fahrrad schwingst, hast Du ein Ziel vor Augen, auf dass Du Dich zubewegst. Ziele sind das, was Dich im Leben antreibt. Jedoch gibt es einen großen Unterschied, ob Du Deinen Zielen – wie oben beschrieben – unbewusst folgst, oder ob Du sie Dir ganz bewusst setzt. Ist letzteres nicht der Fall, lässt Du Dich treiben, anstatt ein selbstbestimmtes Leben zu führen. Das hat ziemlich sicher zur Folge, dass Du irgendwo hingelangst, wo Du eigentlich lieber nicht hinmöchtest. Wie Du Dir richtig Ziele setzt und diese auch erreichst, erfährst Du im nächsten Kapitel.

Die zwölf Action-Methoden

So inspirierend und effektiv die Denkaufgaben auch sein mögen, die Lösung eines Problems mag zwar im Kopf ihren Anfang nehmen. Aber vollendet wird sie erst, wenn Du die entsprechenden Dinge auch selbst einmal ausprobierst. Es gibt viele Sachen, die wir in unserer Vorstellung toll finden, in der Realität stellt sich dann jedoch heraus, dass sie doch nicht so recht zu uns passen. Deswegen stelle ich Dir im Folgenden noch zwölf Action-Methoden vor, die Dir helfen sollen herauszufinden, was Du wirklich im Leben willst.

Probieren geht über Studieren

Klingt nach einer Binsenweisheit, ist aber wirklich hilfreich, wenn es darum geht, herauszufinden, was Du wirklich willst. Sobald Du eine Idee hast, probiere sie aus! Nutze ein langes Wochenende oder auch einen Teil Deines Urlaubs und probiere einfach einmal Berufe aus, die Dich interessieren. Fast alle Unternehmen bieten regelmäßig einen „Tag der offenen Tür" an. Oder geh direkt hin und frage, ob Du einen oder ein paar Tage reinschnuppern darfst. Du wirst sehen, Du wirst Dir keinen Korb einhandeln, denn die meisten Firmen – besonders Handwerkerbetriebe oder kleinere Unternehmen – freuen sich über jede helfende Hand, noch dazu wenn sie „für umme" angeboten wird. Und je mehr und öfter Du irgendwo „reinschnupperst", desto schneller wirst Du herausfinden, was Deine wahre Berufung ist.

Me-Time

Gönne Dir regelmäßig ganz bewusst eine Zeit nur für Dich allein. Das kann ein Tagesausflug in die Nachbarstadt sein, aber auch der Besuch einer Ausstellung oder ein Theaterabend ohne Begleitung. Die beste Variante der Ich-Zeit ist jedoch, allein eine Reise zu unternehmen. Wenn Du aufgrund familiärer Verpflichtungen keine Woche oder auch zwei allein wegfahren kannst, tut oft ein (verlängertes) Wochenende schon Wunder. Es kommt weniger auf die Dauer an als vielmehr auf die Tatsache, dass Du wirklich und zu hundert Prozent nur das machst, was Du wirklich willst. Wenn Du am liebsten die ganze Zeit in einer einsamen Meeresbucht oder an einem Steg am See sitzt, anstatt Sehenswürdigkeiten „abzureißen", weil „man" das so macht, dann tu das! Wenn Du die Abende lieber mit einem guten Buch auf dem Hotelbalkon verbringst, anstatt durch Restaurants und Bars zu ziehen, dann ist das völlig in Ordnung! Nur wenn Du wirklich nach Deinen Wünschen und Bedürfnissen gehst, ohne auf jemanden Rücksicht nehmen zu müssen, wirst Du zu Deiner wahren Bestimmung finden!

Neue Inspirationen durch neue Menschen

Zwar können uns bei der Selbstfindung auch Menschen hilfreich sein, die wir bzw. die uns sehr gut kennen. Aber oft sind es neue Freunde und Bekannte, die Inspiration und völlig neue Ideen ins Leben bringen. Auf virtuellem Weg ist es dank Facebook, Instagram & Co. heutzutage ja einfacher denn je, neue Bekanntschaften zu machen. Aber halte auch im realen Leben die Augen auf! Vielleicht lernst du über Freunde eine(n) neue(n) Bekannte(n) kennen, es kommt ein neuer Kollege ins Team oder in Deinem Sportklub taucht ein neues Mitglied auf. Können Dir diese „Neulinge" Inspiration und neue Ideen vermitteln? Wer weiß, vielleicht hat einer davon einen außergewöhnlichen Beruf, der nächste ist bereits einmal den Jakobsweg gegangen, der dritte spielt in seiner Freizeit in einer Band und hat regelmäßige Auftritte… neue Bekanntschaften können Deinem Leben neuen Schwung und vielleicht sogar eine neue Richtung geben.

Keine Macht der Gewohnheit!

Du gehst gern auf Rockkonzerte, findest Oper hingegen langweilig? Besuche trotzdem einmal eine Oper! Wenn Du während der Aufführung einschläfst, war es eine einmalige Sache, aber eben ein Versuch, Deinem Leben zu neuen Inhalten zu verhelfen. Und wer weiß, vielleicht entdeckst Du ja auch ganz neue Seiten an Dir und wirst in Zukunft zum Opernliebhaber? Oft ist es doch so, dass wir in unseren Gewohnheiten gefangen sind und uns gar nicht vorstellen können, die eingetretenen Pfade zu verlassen und etwas Neues, Unbekanntes an uns heranzulassen. Zur Selbstfindung kann es äußerst hilfreich sein, sich einmal bewusst für neue Erfahrungen zu öffnen. Also:

Wenn Du für Dein Leben gern Krimis und Thriller liest, versuch es einmal mit einem Reisebericht oder einem historischen Roman!

Schau Dir im Kino einen Film an, von dem Du meinst, er passt eigentlich gar nicht zu Deinen Interessen!

Besuche einmal ein Seminar oder einen Vortrag zu einem Thema, über das Du bislang nichts oder nur wenig weißt und das Dich auch nicht sonderlich interessiert!

Probiere ein Gericht aus, das Du noch nie gegessen hast – und das am besten in einem Restaurant, das Du noch nicht kennst!

Was kann Dir schon passieren? Im schlimmsten Fall, dass Du das Kino vorzeitig verlässt oder dass Du das Essen zurückgehen lässt. Im besten Fall, dass Du ein neues Lieblingsessen gefunden hast und zukünftig noch mehr Reiseberichte und historische Romane verschlingen wirst.

Und je öfter Du Dich aus Deiner Komfortzone herauswagst, desto mehr trainierst Du Dein Gehirn, und desto flexibler wird dieses werden. Und pass auf – plötzlich werden Dir Ideen kommen, die Dir früher im Traum nicht eingefallen wären!

Die „Wer bin ich?"-Umfrage

Nicht selten entwickeln wir im Laufe der Jahre ein nicht realistisches Bild von uns selbst. Denn unser Selbstbild ist in der Regel geprägt von unseren Erfahrungen, unseren Glaubenssätzen und nicht zuletzt von dem, was wir von Eltern, Verwandten, Erziehern und Lehrern zu hören bekamen. Das kann zur Folge haben, dass wir uns nicht unbedingt so sehen, wie wir wirklich sind oder wie wir sein könnten. Unsere Fähigkeiten und Talente nehmen wir als selbstverständlich und kommen gar nicht auf die Idee, dass sie uns zu etwas ganz Besonderem machen. Starte doch einfach einmal eine Umfrage unter Deinen Freunden und Bekannten über Deine Person. Frage sie, was sie an Dir schätzen und was sie stört. Welche Fähigkeiten Dich auszeichnen, und über welches Potenzial Du verfügst. Du wirst staunen, wie sich Deine Sicht auf Dich selbst von der Deiner Freunde auf Dich unterscheiden können. Aber achte darauf, dass Du nur Freunde und Bekannte in Deine Umfrage einbeziehst und nicht etwa Eltern und andere nahe Angehörige. Diese sind oft nicht objektiv, da sie meist ihre eigenen Vorstellungen haben, wie Du bist bzw. eher wie Du sein solltest.

Stelle Dich Deinen Ängsten

Wie in dem Abschnitt zum Thema Berufswechsel bereits erwähnt, verschließen viele Menschen lieber die Augen vor ihren Problemen, als einmal näher hinzuschauen, was sie verbessern könnten. Gründe hierfür sind nichts anderes als Ängste. Da stellen Sie sich Fragen à la

- Vielleicht ist es gar nicht so gut, mich besser kennenlernen zu wollen? Vielleicht mag ich mich dann ja gar nicht mehr?

und vielleicht sogar noch öfter:

- Was werden die anderen denken, wenn ich etwas an mir und meinem Leben verändere? Werde ich dann noch akzeptiert, respektiert, geliebt?

Leider halten solche und ähnliche Ängste Dich von Deiner Weiterentwicklung und Selbstfindung ab. Willst Du etwas erreichen, willst du bei Dir selbst ankommen, musst Du Dich Deinen Ängsten stellen und sie bekämpfen. Ich bin sicher, dass Du schon bald erkennen wirst, dass die meisten Ängste völlig unbegründet waren.

Geh allein auf Reisen!

Es gibt wenige Dinge, die das Selbstbewusstsein mehr stärken, als alleine zu verreisen. Wenn Du gerade Single bist und gerade Urlaub hast, aber sonst niemand in Deinem Umfeld, gibt es keinen Grund, auf das Reisen zu verzichten. Oder Du hast ein bestimmtes Traumziel, das vielleicht nicht ganz so populär ist, wie beispielsweise Panama oder die Mongolei? Dann mach Dich einfach allein auf den Weg. Alleine zu verreisen macht Dich in jeder Hinsicht stärker!

Nicht nur das Reiseziel kannst Du völlig frei und unbeeinflusst wählen, sondern auch viele andere Dinge. Jeder, der schon einmal mit Partner, Freund oder einer Gruppe verreist ist, hat es sicher schon einmal oder wahrscheinlich sogar schon mehrfach erlebt: Der Partner möchte sich auf ausgedehnten Wanderungen verausgaben, während man selbst am liebsten am Strand chillen möchte. Die beste Freundin möchte jeden Abend bis spät in die Nacht durch die Bars ziehen, während man selbst lieber in Ruhe in der kleinen Taverne etwas essen und dann früh schlafen gehen möchte. Die Gruppe gibt ein straffes Besichtigungsprogramm vor, während man selbst lieber mal einen entspannten Tag in der Natur genießen würde.

All diese Probleme entfallen, wenn Du allein verreist. Du kannst fahren, wohin Du willst, anschauen, was Du willst, und hast dabei auch die

Freiheit, gerade die sogenannten „Must sees" zu ignorieren, wenn sie Dir zu überlaufen sind oder Dich schlicht nicht interessieren. Du kannst essen, was, wann und wo Du willst, und schlafen, wann und so lange Du möchtest. Wenn Du Gesellschaft suchst, wirst Du welche finden, wenn Du lieber für Dich bleibst, ist das auch in Ordnung. Meist finden Alleinreisende auch eher Zugang zu den Einheimischen. Diese sind eher bemüht, Dir behilflich zu sein, möchten Dir Land und Leute von der besten Seite zeigen und laden auch eher mal eine Einzelperson spontan zum Essen oder auf ein Glas Wein ein als ein Pärchen oder gar eine Reisegruppe.

Alleine zu verreisen stärkt Dein Selbstwertgefühl und Dein Selbstbewusstsein. An Schwierigkeiten wirst Du wachsen anstatt verzweifeln, da Dir gar nichts anderes übrigbleibt, als sie zu überwinden, weil ja niemand da ist, der Dich „retten" könnte. Und schon bald wirst Du gelernt haben, dass Du auch gar niemanden brauchst, um Dein Leben zu steuern. Wenn Du alleine reist, wird Dir das in jeder Hinsicht sehr guttun, und Du wirst eine nie gekannte Freiheit erfahren.

Schreib ein Tagebuch

Hierbei geht es nicht darum, wie in Kinderzeiten Deine Erlebnisse aufzuschreiben und auf diese Weise Deine Erinnerungen festzuhalten. Vielmehr geht es hier um intuitives Schreiben. Dazu solltest Du Dich am Morgen direkt nach dem Aufstehen kurz hinsetzen und in Dein Buch schreiben, was Dir gerade so einfällt. Was Dir als erstes am Morgen in die Gedanken gekommen ist. Was Du geträumt hast – falls Du es noch weißt. Welche Gefühle Dich gerade bewegen. Schreibe so lange, wie Du es intuitiv für richtig hältst – manchmal schreibst Du vielleicht nur zwei Sätze, ein anderes Mal dafür zwei Seiten. Mache diese Übung regelmäßig – wenn Du es nicht täglich schaffst, dann vielleicht jeden zweiten Tag. Auf diese Weise wirst Du schnell lernen, welche Themen Dich bewegen und wie Deine Einstellung sich im Laufe der Zeit ändern kann.

Lies Bücher und besuche Seminare

Eines meiner Lieblingshobbys ist das Lesen. Ich habe eigentlich in jeder freien Minute ein gutes Buch in der Hand. Falls dies noch nicht der Fall ist – erweitere Deinen Horizont durch Lesen. Scheue dabei auch nicht vor bislang unbekannten Themen zurück. Wie wäre es beispielsweise einmal mit einer Biographie von Mahatma Gandhi oder Pablo Picasso oder einem Sachbuch über Erfolg und Persönlichkeitsentwicklung? Bücher sind unglaublich vielfältig und fast immer sehr motivierend und inspirierend. Das richtige Buch zur richtigen Zeit kann Dich sehr gut auf andere Gedanken und vielleicht sogar auf einen neuen Lebensweg bringen.

Das Gleiche gilt für Kurse, Seminare oder Workshops. Wenn Du nach neuen Erfahrungen und nach einer neuen Richtung in Deinem Leben suchst, können beispielsweise ein Yoga-Kurs, ein Erfolgsseminar oder ein Aufenthalt in einem Kloster eine gute Idee sein.

Mache eine Wanderung zu Dir selbst

Eine sehr gute Übung ist eine Selbstfindungs-Wanderung. Überlege Dir ein bis zwei Fragen, die Dich aktuell sehr beschäftigen und für die Du eine Lösung finden möchtest. Dann pack Dir einen Tagesrucksack mit ausreichend Wasser und einem kleinen Lunchpaket ein und los geht's. Mach Dir dabei nicht unbedingt einen Plan à la „ich will mindestens fünf Kilometer auf Wanderweg xy durch den Schwarzwald oder entlang der Mosel zurücklegen" oder so. Laufe einfach von Deiner Haustür los und lass Dich überraschen. Vielleicht wird es eine Wanderung durch die Straßen Deiner Stadt, vielleicht geht es durch den Wald oder durch einen Park, vielleicht auch am Ufer eines Sees oder eines Flusses entlang. Denke während des Laufens über „Deine" Fragen nach. Bleibe dabei ruhig über mehrere Stunden in Bewegung. Finde immer neue Details und Facetten, beleuchte Deine Selbstfindungsfragen aus immer neuen Blickwinkeln.

Digital Detox

Es klingelt, es bimmelt, es summt, es brummt. Wir liken, wir kommentieren, wir posten – nahezu rund um die Uhr. Der erste Blick am Morgen und der letzte Blick vor dem Einschlafen gilt dem Smartphone. Längst gibt es kein „analoges" und „digitales" Leben mehr, weil beide bereits miteinander verschmolzen sind. Es gibt wohl niemanden, der dauerhaft oder auch nur längere Zeit auf Smartphone, Notebook und Tablet verzichten möchte. Und das ist auch gut und richtig so – ermöglicht die moderne Technologie doch die vielfältigsten Informationen und eine stetige Weiterentwicklung. Die Kehrseite der Medaille ist – wir verlassen uns immer mehr auf die Technik und immer weniger auf uns selbst. Wer macht sich denn heutzutage noch die Mühe, sich in einer fremden Stadt auf seinen Orientierungssinn zu verlassen, wenn es doch die App viel schneller regelt? Ein immer beliebterer Weg, wieder zu lernen, uns auf uns selbst und nicht nur auf unser Smartphone zu verlassen, ist die sogenannte „Digital Detox", das heißt das zeitweilige Verzichten auf alle Geräte, die uns eine Verbindung mit dem Internet ermöglichen. Viele Reiseveranstalter und Hotels bieten mittlerweile „Detox-Urlaube" an, das heißt, Menschen bezahlen dafür, dass andere ihnen für ein paar Tage das Handy wegnehmen. Mit etwas Disziplin musst Du dafür nicht bezahlen. Lege Dir regelmäßige Detox-Tage fest, beispielsweise einmal pro Woche oder zweimal pro Monat. Verzichte an diesen Tagen konsequent auf Smartphone, Tablet, Laptop & Co. Informiere Deine Familie und Freunde jedoch, dass Du an diesen Tagen nicht erreichbar bist. Führst Du diese Übung regelmäßig durch, wirst Du schnell lernen, Deiner inneren Stimme (wieder) besser zu folgen.

Entspannt zur richtigen Lösung

Hast Du solche Situationen schon einmal erlebt? Dein Chef stürmt ins Büro und braucht sofort und auf der Stelle ein bestimmtes Dokument? Du gerätst in Panik, stellst das Büro auf den Kopf, kannst es aber einfach nicht finden? Oder: Du bist am Morgen spät dran, hättest eigentlich schon vor zehn Minuten das Haus verlassen müssen und nun kannst Du einfach den Autoschlüssel nicht finden? In beiden Situationen hast Du ganz sicher gemerkt, dass Stress und Hektik es schwierig bis unmöglich machen, etwas zu finden. Wäre der Chef hingegen in aller Ruhe in Dein Büro spaziert und hätte gesagt: „Frau Müller, es wäre gut, wenn Sie mir im Lauf des Vormittags den Vorgang xy vorlegen könnten", hättest Du die Akte garantiert mit einem Handgriff gefunden. Hättest Du Dir gesagt, ich bin eh zu spät, da kommt es auf zwei weitere Minuten auch nicht an, hättest Du ganz sicher nicht in Hektik übersehen, dass der Schlüssel an dem Haken hing, wo er immer hängt. Und bei der Selbstfindung verhält es sich ebenso wie mit dem Finden von Dingen: Je mehr Du Dich selbst unter Druck setzt und nach Deiner „Berufung" suchst, desto mehr verfällst Du in Stress, und das Durcheinander in Deinem Kopf wird nur noch schlimmer. Deshalb: Ruhe und Entspannung führen zum Erfolg! Vielleicht hilft es Dir, Yoga und/oder Meditationstechniken zu erlernen. Bald wirst Du sehen: Sobald die Unruhe aus Deinem Kopf verschwunden ist, ist da auf einmal ganz viel Platz für neue Erkenntnisse und Ideen.

Kapitel 11
Wie Du Dir Ziele setzt und diese auch erreichst

„Wer den Hafen nicht kennt, in den er segeln will,
für den ist kein Wind der richtige." (Seneca)

Stell Dir einmal folgende Situation vor: Du bist mit einem Segelboot unterwegs und hast die Orientierung verloren. Mit Deinem Boot treibst Du ziellos auf dem offenen Meer. Das Boot verfügt über ein Ruder, außerdem hast Du einen Kompass und eine Karte an Bord. Was würdest Du tun? Würdest Du Kompass und Karte nutzen, um damit bewusst ein Ziel – wie beispielsweise den nächsten Hafen – anzusteuern? Oder würdest Du einfach sitzen bleiben, Dir ein Bier öffnen und Dich einfach weitertreiben lassen?

Die Antwort scheint klar zu sein: Es gibt wohl kaum jemanden, der sich in dieser Situation dafür entscheiden würde, passiv zu bleiben. Auch wenn das Navigieren mit dem Ruder und die Handhabung von Karte und Kompass vielleicht nicht gerade einfach und für die meisten ungewohnt sind – besser als abzuwarten und nichts zu tun, ist es allemal. Und das ist auch ganz richtig so.

Klingt gut, ist aber oft graue Theorie, da der Alltag meist ganz anders aussieht. Auch wenn wir jederzeit das Ruder unseres Lebens in die Hand nehmen könnten, ziehen wir es vor, ziellos in den Tag hineinzuleben und uns treiben zu lassen. Und dabei hat jeder von uns Visionen und Träume, die aber leider nicht selten lebenslang genau das bleiben – Träume. Dabei sind Träume und Ziele so wichtig, und es ist gar nicht so schwer, sie zu realisieren.

Warum sind Ziele wichtig?

Jeder Mensch braucht Ziele, denn Ziele geben dem Leben eine Richtung. Darüber hinaus gibt es noch einige andere Faktoren, warum es vorteilhaft ist, sich bewusst Ziele zu setzen. Da wäre beispielsweise die Selbstreflexion.

Jeder, der sich ein Ziel oder auch mehrere steckt, kommt nicht umhin, sich selbst zu reflektieren, also sich mit sich selbst, dem eigenen Leben, den Vorstellungen und Wünschen auseinanderzusetzen. Ziele helfen uns beim Fokussieren und motivieren uns, Schwierigkeiten und Hindernisse auf dem Weg zur Erfüllung unserer Ziele zu überwinden.

Unsere Zeit auf dieser Erde ist begrenzt, und wir sollten sie möglichst sinnvoll nutzen. Eine bewusste Festlegung von Zielen ist hierfür eine großartige Methode, um ein erfolgreiches, bewusstes und zufriedenes Leben zu führen.

Wie setzt Du Dir ein Ziel?

Setzt Du Dir Ziele, gehst Du damit den ersten Schritt in ein erfülltes und zufriedenes Leben. Dabei hängt es ganz entscheidend von der Formulierung dieser Ziele ab, ob Du sie am Ende auch erreichst. Ein unglücklich formuliertes Ziel kann dazu führen, dass das Ziel nicht nur unerreicht bleibt, sondern dass es sogar ins Gegenteil verkehrt werden kann. Das Ende vom Lied ist Frust statt Motivation und Erfüllung.

Wenn Du Dir Ziele setzt und diese formulierst, ist es sehr wichtig, dass Du Dich nicht auf das Ergebnis, sondern auf den Prozess fokussierst. Denn wie heißt es so schön? Der Weg ist das Ziel! Auf diese Weise hast Du die Möglichkeit, den Weg zu Deinem Ziel ganz bewusst als eine stetige Entwicklung zu erleben. Außerdem kannst Du, solange Du das Endziel noch nicht erreicht hast, die ganze Zeit im Blick behalten, wie viele Teilziele Du bereits erreicht hast. Im Folgenden kannst Du lesen, wie Du Dir realistisch und nachhaltig erreichbare Ziele setzen kannst – und das gilt sowohl für den persönlichen als auch den beruflichen Bereich.

Warum willst Du dieses Ziel erreichen?

Die Frage nach dem Warum sollte selbstverständlich die erste sein, die Du Dir stellst, sobald Du über ein Ziel nachdenkst. Denn erst, wenn Du die Gründe dahinter verstehst, bist Du in der Lage, eine entsprechende

Motivation zu entwickeln. Beispiele: Gründe für das Ziel eines Job- oder Berufswechsels können mehr Lebenszufriedenheit und/oder ein besseres Gehalt sein. Gründe für das Ziel, zehn Kilogramm abzunehmen, können eine bessere Gesundheit und/oder ein attraktiveres Äußeres sein.

Dann formuliere Dein Ziel nicht mit „Ich muss bis zum Sommer zehn Kilo abnehmen", sondern „Ich will bis zum Ende des Jahres zehn Kilo abnehmen". Eine solche Formulierung ist besonders für Menschen von Bedeutung, die meinen, über zu wenig Selbstdisziplin zu verfügen. Ziel dieser Formulierung und des damit verbundenen Mindsets ist, die eigenen Gedanken und Emotionen nicht zu beherrschen, sondern sie zu verstehen. Anders gesagt – Wille statt Zwang, Motivation statt Disziplin.

Visualisiere Deine Ziele!

Für die meisten Menschen ist es für die Umsetzung ihrer Ziele eine große Hilfe, diese zu visualisieren. Dazu gehst Du folgendermaßen vor: Schließ Deine Augen und stell Dir dabei vor, Du hättest Dein Ziel bereits erreicht. Stell dir in allen Details vor, wie Dein Leben sich zum Positiven verändert haben wird. Um bei den oben erwähnten Beispielen zu bleiben: Stell Dir vor, wie Dein Berufsalltag in dem neuen, besseren Job aussehen wird, wie Du morgens motiviert hingehen und abends zufrieden zurückkehren wirst. Visualisiere all die Dinge, die Du mit dem zusätzlich verdienten Geld anfangen kannst. Ein zusätzlicher Urlaub oder endlich mal die längst fällige neue Küche, oder willst Du lieber etwas in die Zukunft Deiner Kinder investieren? Beispiel Abnehmen: Visualisiere, dass Du leichtfüßig, ohne zu keuchen, die Treppe hinaufspringen wirst. Stell Dir vor, was für ein tolles Gefühl es sein wird, Dir den schicken Fummel zwei Größen kleiner kaufen zu können oder Du Dich endlich im knappen Bikini an den Strand trauen wirst, ohne Dich zu genieren. Stell Dir nicht nur Dich selbst vor, sondern auch Deine Mitmenschen und wie sie auf Deine Erfolge reagieren werden. Spüre Deine Befriedigung und Deinen Stolz, wenn Du merkst, wie sich Deine Lebensqualität in jeder Hinsicht verbessern wird. Lass Dich voll und ganz darauf ein, in Deinem Erfolg zu baden. Solche Gefühle werden Deine Motivation beschleunigen, die unabdingbar für das Erreichen Deiner Ziele ist.

Schließe einen Vertrag mit Dir selbst!

Der nächste Schritt nach dem Visualisieren ist, Deine Ziele schriftlich festzuhalten. Denn was Du schwarz auf weiß hast, ist wieder ein Stück weit greifbarer, und Dein Ziel nimmt konkretere Formen an. Eine gute Möglichkeit ist, Dein Ziel in Form eines Vertrages mit Dir selbst schriftlich festzuhalten. Damit machst Du Dir selbst ein Versprechen. Folgende Punkte sind bei Deinem Vertrag mit Dir selbst zu beachten:

- Formuliere in der Ich-Form. Es handelt sich nicht um irgendein Ziel, es handelt sich um DEIN Ziel. Und genauso solltest Du es auch formulieren. Also nicht irgendeine schwammige Formulierung wie „Spanisch lernen ist ein gutes Ziel", sondern „Ich will innerhalb eines Jahres Spanisch so gut erlernen, dass ich im Urlaub einfache Gespräche mit den Einheimischen führen kann." Oder statt: „Ich will gesünder essen" formuliere „Ich esse ab sofort jeden Tag frisches Obst und Gemüse, nehme dafür nur am Wochenende in Maßen Süßigkeiten und Alkohol zu mir".

- Verwende die „richtige" Zeitform. Wichtig für Deine Motivation ist, dass Du Deine Ziele NICHT im Futur formulierst, sondern im Präsens, im Präteritum oder im Perfekt. So trickst Du Dein Unterbewusstsein aus und vermittelst ihm das Gefühl, Dein Ziel ist bereits erreicht. Beispiel: „Ich schreibe ein Buch zum Thema Selbstfindung und habe damit großen Erfolg" oder „Ich habe ein Buch zum Thema Selbstfindung geschrieben, das sehr erfolgreich geworden ist". NICHT formulieren dagegen sollst Du „Ich werde ein Buch zum Thema Selbstfindung schreiben und irgendwann damit erfolgreich sein".

- Positive statt negative Formulierungen. Deine Formulierungen sind das Ergebnis Deiner Gedanken, und wie wir bereits wissen, erschaffen Deine Gedanken Deine Realität. Vermeide daher negative Formulierungen und verwende ausschließlich positive. Auch Selbstkritik und Unzufriedenheit haben in Deinem „Vertrag" nichts verloren. Also nicht „Ich bin viel zu dick und muss unbedingt abnehmen", sondern „Ich ernähre mich gesund und ausgewogen, was mir zu einem positiveren Lebensgefühl und zu einem attraktiveren Erscheinungsbild verhilft".

Wie Du Deinen Vertrag mit Dir selbst niederschreibst – also ob digital oder handschriftlich – überlasse ich Dir. Jede der beiden Varianten hat Vorteile. Tippst Du den Vertrag in Deinen PC oder Dein Handy, ist er allzeit griffbereit. Wählst Du die „klassische" Variante per Handschrift, empfindest Du dieses möglicherweise als nachhaltiger, weil Du Dich mehr dafür anstrengen musst. Entscheide Dich daher einfach für die Variante, bei der Du ein besseres Gefühl hast.

Ein Ziel muss SMART sein

Kennst Du das SMART-Prinzip? Dies ist ein Begriff aus dem Projektmanagement, der sehr hilfreich bei der Formulierung und Konkretisierung von Zielen sein kann. Und zwar besagt das SMART-Prinzip, dass ein Ziel nur dann „schlau" (= smart) ist, wenn es

- **S**PEZIFISCH

- **M**ESSBAR

- **A**TTRAKTIV

- **R**EALISTISCH und

- **T**ERMINIERT

ist. Konkret heißt das Folgendes:

- **Spezifisch**: Vermeide bei der Definition Deines Zieles abstrakte Formulierungen, sondern drücke Dich so konkret wie möglich aus. Beispiel: Statt „Ich mache mehrmals pro Woche Sport" sollte es heißen „Ich gehe montags und donnerstags joggen und mittwochs ins Fitnessstudio".

- **Messbar**: Leg Dein Ziel messbar fest, achte dabei darauf, dass diese messbaren Werte realistisch bleiben. Statt „Ich will abnehmen" formuliere „Ich verliere in den nächsten acht Wochen fünf Kilo". Oder: Statt „Ich will mein Englisch verbessern" formuliere „Beim nächsten Meeting mit den Kunden aus den USA kann ich auf einen Dolmetscher verzichten".

- **Attraktiv**: Die Attraktivität eines Zieles ergibt sich aus der weiter oben erläuterten Frage nach dem Warum. Es macht wenig Sinn, Dir ein Jurastudium als Ziel zu formulieren, wenn dies Dich einfach gar nicht interessiert. Wenn Du Dir nur für Dich attraktive Ziele steckst, wird es Dir nicht an Motivation mangeln, und es ist wesentlich einfacher, Deine Ziele auch zu erreichen.

- **Realistisch**: Dieser Punkt ist eigentlich selbsterklärend. Was nutzen die schönsten Ziele, wenn sie einfach nicht realisierbar sind? Statt „Ich schreibe jeden Tag 20 Bewerbungen" macht also eine Formulierung wie „Ich schreibe jede Woche mindestens drei, maximal fünf Bewerbungen" deutlich mehr Sinn.

- **Terminiert**: Dieser Punkt knüpft unmittelbar an den vorhergehenden an. Um Dein Ziel immer im Blick zu behalten und es nicht irgendwo und irgendwann zu verlieren, setze ihm einen konkreten Zeitrahmen. Achte auch hier darauf, realistisch zu bleiben. In zwei Wochen wirst Du weder Chinesisch noch Aquarellmalen erlernen, in einem Jahr hingegen hast Du von beidem sicher bereits ein Grundverständnis.

Egal in welchem Lebensbereich – wenn Du die SMART-Kriterien konsequent auf Deine Ziele anwendest, gehst Du einen wichtigen

Schritt in Richtung ihrer Verwirklichung. Außerdem kannst Du mit ihrer Hilfe auch schneller und einfacher erreichbare Teilziele formulieren und realisieren.

Lass Worten Taten folgen

Nun ist es auch schon fast geschafft. Das Ziel ist formuliert, visualisiert und schriftlich in einem Vertrag festgehalten. Den „Rest" – also die Verwirklichung – schaffst Du damit bestimmt ganz locker. Überlege Dir die einzelnen Teilschritte, die Du gehen musst, und dann fang einfach an!

Kapitel 12
Wie trainierst Du Deine innere Stimme?

Der Kopf sagt nein, aber der Bauch sagt ja? Viele Menschen lassen sich bei Entscheidungen vor allem von ihrem Verstand leiten und misstrauen ihrer inneren Stimme. Es ist jedoch so, dass die Intuition oft der bessere Ratgeber ist, und auch ich habe in meinem Leben immer wieder die Erfahrung gemacht, dass mein Bauchgefühl mir den richtigen Weg gewiesen hat. Deswegen habe ich mir angewöhnt, auf meine Intuition statt auf meinen Verstand zu hören, wenn eine wichtige Entscheidung ansteht. Wenn Du eher ein „Kopfmensch" bist, solltest Du darüber nachdenken, ob Du nicht öfter einmal Deinem Bauchgefühl eine Chance geben solltest. Im Folgenden möchte ich Dir erklären, wie Du lernst, auf Deine innere Stimme bzw. Deine Intuition zu hören und ihr zu folgen.

Was ist Intuition eigentlich?

Der Begriff Intuition stammt vom lateinischen Wort „intueri" ab, was so viel wie „anschauen" bedeutet. Dies kann so interpretiert werden, dass die Intuition in der Lage ist, Informationen bereits im Herzen zu betrachten, bevor diese im Gehirn angekommen sind. Wissenschaftler haben herausgefunden, dass das Herz tatsächlich über eine Art „Gehirn" verfügt, welches Informationen sozusagen „abgreift", bevor diese das Großhirn erreichen. Die Intuition nutzt also die allerneuesten Informationen, indem sie den Menschen bzw. seine Situation „anschaut" und die instinktiv richtige Reaktion auslöst. Es handelt sich hierbei um einen Vorgang, der Bruchteile von Sekunden dauert, also bereits abgeschlossen ist, wenn er im Bewusstsein angekommen ist. Dabei basiert die Intuition auf Erfahrungen, Erlebtem und Erlerntem. Alles dies führt zu den spontanen Eingebungen, die wir als Intuition, innere Stimme oder Bauchgefühl kennen.

Beispiele, in denen sich das Bauchgefühl bemerkbar macht

Menschen, die sich grundsätzlich auf ihr Bauchgefühl verlassen, liegen damit in den meisten Fällen richtig. Ob es sich um eine banale Entscheidung handelt, wie z.B. zwischen dem roten und blauen Kleid, oder um eine weitreichende wie einen Jobwechsel oder einen Umzug in eine andere Stadt: Wer auf sein Bauchgefühl hört, trifft fast immer die richtige Entscheidung.

Hier ein paar Beispiele, in denen Du Deine innere Stimme hörst:

- Ganz sicher hast Du es schon mindestens einmal erlebt: Du hast gerade an eine Person gedacht, die Du längere Zeit nicht gesehen hast. Im nächsten Augenblick klingelt das Telefon, und diese Person ist dran oder Du bekommst von ihr eine Nachricht.

- Du begegnest jemandem zum ersten Mal, und noch bevor das erste Wort gesprochen wurde, weckt dieser Mensch ein bestimmtes Gefühl in Dir. Das kann bedeuten, dass er oder sie Dir sofort sympathisch ist oder auch, dass Dein Bauchgefühl Dich warnt, dass diese Person eher mit Vorsicht zu genießen ist. In dem kurzen Augenblick der ersten Begegnung ist Dein Gehirn gar nicht fähig, bereits eine Einschätzung zu tätigen, aber Deine Intuition hat Dir gezeigt, ob Du mit jemandem schnell warm werden kannst oder eben nicht.

- Du bekommst ein neues Jobangebot, das auf den ersten Blick perfekt erscheint. Das Aufgabengebiet sagt Dir zu, finanziell würdest Du Dich verbessern, und das Bewerbungsgespräch verläuft ebenfalls positiv. Trotzdem bereitet Dir irgendetwas im wahrsten Sinne des Wortes Bauchschmerzen – auch so äußert sich Bauchgefühl. Wahrscheinlich spürst Du instinktiv eine negative Energie, z.B. weil die Atmosphäre im Team durch Leistungsdruck und Mobbing vergiftet ist. Dann solltest Du auf Deine innere Stimme hören und vorerst in Deinem aktuellen Job bleiben. Wahrscheinlich wird sich Dein Bauchgefühl bald bestätigen – wenn Du ein noch besseres Angebot erhältst oder ganz unverhofft in Deinem jetzigen Job die Chance auf eine Beförderung bekommst.

- Du bist auf der Suche nach einem neuen Auto, und der Verkäufer im Autohaus preist die Vorteile eines bestimmten Modells an, die sich auch alle plausibel anhören. Trotzdem hast Du ein „komisches Gefühl", das Dir vom Kauf dieses Fahrzeugs abrät. Auch hier warnt Dich Deine Intuition ziemlich sicher vor einer Fehlentscheidung.

- Du sitzt in einem Meeting und hast sozusagen aus heiterem Himmel das Gefühl, Du musst jetzt sofort zu Deiner Mutter fahren. Erst versuchst Du, diesen Impuls zu ignorieren, weil Du Angst hast, Dich lächerlich zu machen. Als der Drang übermächtig wird, verlässt Du schließlich unter einem Vorwand das Meeting und fährst los. Keine Minute zu spät, denn Deine Mutter ist gestürzt und liegt hilflos und vor Schmerzen wimmernd auf dem Boden. Bauchgefühl kann Leben retten!

- Du fährst nachts auf der Autobahn, es ist nicht viel los, und Du hast freie Fahrt. Auf einmal durchzuckt Dich ein Gefühl, dass Du die Spur wechseln solltest. Du gehorchst Deiner inneren Stimme, ziehst nach links auf die Überholspur, und Sekunden später kommt Dir auf der anderen Spur ein Geisterfahrer entgegen. Auch hier hat Dein Bauchgefühl wahrscheinlich Leben gerettet.

Achte auf Deine Intuition! Bald wirst Du feststellen, dass Du Dich auf Deine innere Stimme fast immer verlassen kannst. Und dass Dein Verstand Deinen ersten Impuls am Ende bestätigen wird. Wenn Dir Bauch und Kopf unterschiedliche Richtungen weisen, dann behält der Bauch in den meisten Fällen recht. Falls Du bislang eher ein „Kopfmensch" warst und mehr auf Deinen Verstand als auf Dein Gefühl gehört hast, könnte es eine gute Idee sein, in Zukunft mehr auf Deine innere Stimme zu hören. Aber kann man Intuition überhaupt erlernen? Ja, das kann man durchaus! Wie es geht, erfährst Du im nächsten Abschnitt.

Wie kannst Du Dein Bauchgefühl trainieren?

Zunächst ist zu sagen, dass Intuition angeboren ist. Leider ist es jedoch so, dass das Bauchgefühl uns im Laufe der Jahre verlorengeht. Unser meist straff durchorganisierter Lebensstil lässt uns oft keine Atempause und zwingt uns zu rationalem statt intuitivem Handeln. Aber immer wieder merkt dann doch der eine oder andere, dass irgendetwas „nicht stimmt", dass er sich mit der Entscheidung nicht wirklich wohlfühlt. Höchste Zeit, dass wir wieder lernen, auf unsere innere Stimme zu hören und ihr zu folgen. Im Folgenden findest Du ein paar Methoden und Übungen, mit deren Hilfe Du lernst, Deinem Bauchgefühl zu vertrauen.

Komm zur Ruhe

Wenn Du wieder Zugang zu Deiner inneren Stimme finden willst, dann sind Entspannung und Ruhe das A & O. Nichts blockiert Deine Intuition so sehr wie Stress, die ständige Reizüberflutung verhindert, dass Du Deine innere Stimme überhaupt noch wahrnehmen kannst. Wer ständig unter Strom steht, trifft seine Entscheidungen mit dem Kopf, weil er nie zur Ruhe kommt, um auf seine Intuition zu lauschen. Der erste Schritt ist also, herunterzufahren und zur Ruhe zu kommen. Dafür gibt es verschiedene Hilfsmittel wie beispielsweise das Autogene Training, Meditation oder Yoga. Noch besser sind regelmäßige längere Aufenthalte in der Stille der Natur, z.B. im Wald, an einem See oder am Meer. Auch ein Bad, am besten unter Zusatz eines beruhigenden ätherischen Öls, kann eine Menge zu Entspannung und innerer Ruhe beitragen. Wichtig ist, dass die Entspannungsübungen regelmäßig stattfinden. Plane daher Deine Ruhe-Einheiten am besten täglich, mindestens aber zwei- bis dreimal pro Woche. Anfangs genügen zehn Minuten, die Du mit der Zeit steigerst, was Dir mehr und mehr zum Bedürfnis werden wird.

Trainiere Deine Wahrnehmung

Diese Ruhe-Einheiten kannst Du sehr gut dazu nutzen, Deine Selbstwahrnehmung zu trainieren. Höre in Dich hinein – was empfindest Du? Wie ist Deine Stimmung, und wie fühlt sich Dein Körper an? Hörst Du eine Stimme in Deinem Inneren, die Dir etwas sagen möchte? Höre genau hin und höre ihr zu! Nicht nur, wenn Du positive Empfindungen hast, auch wenn Deine innere Stimme Dir etwas weniger Schönes mitteilen will, was Dein Kopf vielleicht gerne verdrängen würde. Bauchgefühl ist schließlich auch dazu da, Dich vor Fehlern und falschen Entscheidungen zu bewahren.

Trainiere Deine Menschenkenntnis

Eine hervorragende Methode, Deine Intuition zu entwickeln, ist das Studieren fremder Menschen. Eine Gelegenheit dazu findet sich fast immer – sei es im Bus oder in der Bahn, auf dem Weg zur Arbeit oder bei einem Bummel durch die Stadt. Sieh Dir die Menschen, die Dir dabei begegnen, genau an und versuche intuitiv, sie einzuschätzen. Findest Du sie auf Anhieb sympathisch, oder sind sie Dir eher suspekt? Wohin sind sie gerade unterwegs und warum? Welche Lebensgeschichte tragen sie mit sich herum? Haben sie Sorgen, sind sie einsam, oder wartet zu Hause eine Großfamilie auf sie? Mit etwas Übung kannst Du Deine verborgenen Instinkte auf diese Weise ganz hervorragend schulen.

Entscheide aus dem Bauch heraus

Übe das Treffen intuitiver Entscheidungen, fang aber nicht gleich mit lebensumwälzenden Dingen wie Umzug oder Jobwechsel an. Beginne zunächst mit „kleinen" Entscheidungen. Beispiele:

- Was will ich heute essen?

- Wo will ich heute essen? Zu Hause oder im Restaurant?

- Was ziehe ich an?

- In welcher Reihenfolge sollte ich heute meine Aufgaben erledigen?

- Was muss ich einkaufen?

- Welchen Weg soll ich nehmen – den schönen durch den Park oder die Abkürzung über das Gewerbegebiet?

• Bleibe ich heute Abend zu Hause oder möchte ich noch etwas unternehmen?

Auf den ersten Blick sind das alles Banalitäten, dennoch ist es möglich, dass der Kopf anders entscheidet bzw. entscheiden würde als der Bauch. Stimmen beide überein, kannst Du ganz sicher sein, die richtige Wahl getroffen zu haben. Auf diese Weise baust Du nach und nach Vertrauen in Deine Intuition auf.

Kommuniziere mit Deiner inneren Stimme

Stell Dir Deine innere Stimme als einen realen Gesprächspartner vor, z.B. als kleinen Vogel, der auf Deiner Schulter sitzt und mit Dir kommuniziert. Du kannst Dir aber ebenso beispielsweise Dein Spiegelbild vorstellen, mit dem Du redest, oder ein Vorbild, dem Du nacheiferst. Tritt bei jeder Gelegenheit mit Deiner Intuition in ein Zwiegespräch. Erkläre ihr Dein Problem bzw. Deine Frage, bitte Deine innere Stimme um Hilfe und ermutige sie, Dir ein Zeichen zu senden. Auf diese Weise baust Du eine „Beziehung" zu Deiner Intuition auf und bist bald jederzeit in der Lage, mit ihr Kontakt aufzunehmen, wenn Du ihren Rat benötigst.

Stelle Deiner inneren Stimme auch konkrete Fragen, besonders natürlich, wenn wichtige Entscheidungen anstehen, aber auch in allen anderen Situationen. Formuliere dabei Deine Fragen so präzise wie möglich. Je konkreter die Frage gestellt wird, desto konkreter wird Deine Intuition Dir darauf antworten können.

Ganz wichtig: Wenn Du in Kontakt mit Deiner inneren Stimme trittst, musst Du Dein Ego komplett außen vorlassen. Ansonsten kann die Antwort leicht beeinflusst und verfälscht werden. Also beispielsweise die Frage so formulieren: „Welcher Job ist für mich besser, der in Firma X oder der in Firma Y?" – und dabei keinen Zusatz à la „Mir würde ja Y besser gefallen, meinst Du das nicht auch?". Damit beeinflusst Du Deine Intuition, und Du wirst nicht die richtige Antwort erhalten.

Und erwarte keine in Worten formulierte Antwort. Meistens äußerst sich die innere Stimme in Form von Gefühlen, Eingebungen und Bildern. Auf diese Weise wirst Du nach und nach lernen, mit Deiner Intuition Kontakt aufzunehmen und ihre Antworten richtig zu interpretieren.

Unterdrücke Deine Gefühle nicht!

Dieser Punkt knüpft zum Teil an den vorhergehenden an. Die innere Stimme zeigt sich vor allem durch Gefühle und Impulse. In Gegensatz zum Verstand ist die Stimme des Bauchgefühls sehr fein, zart und leise. Daher musst Du eine gute Verbindung zu Deinen Emotionen haben, wenn Du Deine innere Stimme wahrnehmen willst. In unserer hektischen, schnelllebigen Zeit unterdrücken die meisten Menschen jedoch ihre Gefühle, und zwar besonders dann, wenn diese als schmerzhaft, beängstigend oder in anderer Form als negativ empfunden werden. Die Folge davon ist nicht selten, dass der Zugang zu unserer Intuition blockiert ist.

Deshalb ist ein unabdingbarer Schritt in Richtung Wahrnehmung der inneren Stimme, sämtliche Gefühle zuzulassen, sowohl die positiven als auch die negativen. Das bedeutet konkret für letzteres: Wenn Dich das nächste Mal eine negative Emotion „heimsucht", dann FÜHLE sie bewusst und unterlasse die üblichen Vermeidungsstrategien wie Ablenkung durch TV und Internet, Süßigkeiten oder Alkohol. Suche Dir stattdessen ein ruhiges Plätzchen, schließe die Augen, atme tief durch und begrüße das Gefühl, ohne es zu bewerten oder gar abzulehnen. Wenn Du lernst, alle Emotionen zu fühlen und keine abzulehnen, wirst Du wieder offen für die Eingaben Deiner inneren Stimme.

Wende Deine Intuition im Alltag an

Es gibt im Alltag unendlich viele Situationen, in denen Du Dein Bauchgefühl trainieren kannst. Hier sind ein paar Vorschläge, die Du eigentlich fast täglich anwenden kannst.

- Der Klassiker: Wirf eine Münze und „prophezeie", ob sie mit dem Kopf oder der Zahl oben landen wird.

- Wenn das Telefon klingelt, schau nicht auf das Display, versuche stattdessen zu erraten, wer anruft. Diese Übung kann gesteigert werden, indem Du Dich fragst, was der Grund für den Anruf sein könnte.

- Viele Menschen haben ein „Händchen" dafür, sich im Supermarkt an der Kasse anzustellen, die sich am langsamsten vorwärts bewegt, in der langwierig die Kassenrolle gewechselt werden muss und/oder mindestens einmal gefühlte zehn Minuten auf einen Mitarbeiter gewartet werden muss, weil der Scanner den Preis nicht lesen kann. Trainiere Dir die richtige Intuition an und versuche, vor dem Bezahlen zu „sehen", an welcher Kasse Du am schnellsten vorankommen wirst.

- Hast Du den Einkauf erfolgreich bewältigt, kannst Du auf dem Parkplatz gleich weiter üben. Welcher Wagen passt am ehesten zu der jungen Mutter mit dem kleinen Jungen? Welche Marke, welche Farbe? Welches Auto wird der ältere Herr gleich ansteuern?

- Wenn Du das nächste Mal ein Café und Restaurant besuchst, beobachte (unauffällig, ohne anzustarren!) die Menschen in Deiner Umgebung. Welches Getränk wird der Herr zu Deiner Linken bestellen; und wird die Dame zu Deiner Rechten sich für einen Salat oder einen Teller Pasta entscheiden? Wie oft liegst Du richtig?

Achte bei diesen Übungen auf Deine innere Stimme. Sie wird sich u.a. in Form spontaner Eingebungen, Bauchkribbeln oder Verspannungen melden. Nach einer Weile Training wirst Du unterscheiden können, ob Dein Verstand oder Deine Intuition zu Dir spricht. So wirst Du lernen, Deine innere Stimme immer besser zu verstehen und ihr zu folgen.

Natürlich geht das nicht von heute auf morgen. Du wirst mehr als einmal völlig falsch liegen. Davon solltest Du Dich jedoch nicht entmutigen lassen. Mit ausreichend Übung, Zeit und Geduld wird es Dir bald gelingen, Intuition und Verstand in Harmonie zu bringen. Wenn Dein Kopf und Dein Bauch miteinander im Einklang sind, wirst Du nie wieder Probleme haben, den für Dich richtigen Weg zu gehen.

Fazit

Wir alle besitzen Intuition, sie ist uns angeboren. Leider haben viele Menschen sich im Laufe ihres Lebens angewöhnt, sich ausschließlich auf ihren Verstand zu verlassen und so den Zugang zu ihrer inneren Stimme verloren. Sollte dies auch bei Dir der Fall sein, hast du soeben erfahren, welche Möglichkeiten Du hast, diesen Zugang zurückzugewinnen.

TEIL 3

Solltest Du Dich auf einen Selbstfindungstrip begeben, und welche Ziele sind am besten geeignet?

Reisen bringt nicht nur jede Menge Lebensqualität, es ist nebenbei auch die beste Schule der Welt und kann enorm hilfreich sein, damit Du Dich selbst besser kennenlernen kannst. Oft hilft Dir eine Reise zu einem ganz besonderen Ort, dass Du Deine innere Stimme wiederfindest und letztlich zu Dir selbst findest. Ob bei einer Hüttenwanderung durch die Alpen, einem Yoga-Training in einem Ashram in Indien oder einer Abenteuerreise durch Kanada oder Neuseeland – ein Selbstfindungstrip ist mit Sicherheit ein sehr bereicherndes Erlebnis!

Selbstfindungstrip – warum?

In unserer heutigen Zeit kümmern sich die meisten tagtäglich um alles Mögliche, nur um eines nicht – um sich selbst. Früher oder später vergessen diese Menschen, wer sie eigentlich sind, warum sie hier auf dieser Erde sind, was sie im Leben erreichen wollen und was sie zufrieden und glücklich macht.

Früher oder später kommt dann die Zeit, da ist alles einfach nur zu viel, da hat man das Gefühl, man dreht sich wie ein Hamster im Laufrad und kommt einfach nicht von der Stelle. Die Routine des Alltags und die ständig steigenden Anforderungen in jedem Bereich wachsen einem über den Kopf. Geht es Dir auch so? Du wünschst Dich einfach nur ganz weit weg, an einen Ort, an dem es keine Pläne, keine Deadlines und keine Verpflichtungen gibt – sondern nur Dich selbst und Dein Ich.

Wenn dies so ist – dann tu es einfach! Nimm Dir eine Auszeit und begib Dich auf eine Reise zu Dir selbst! Mit „Auszeit" meine ich dabei nicht unbedingt, dass Du für ein komplettes Jahr oder gar mehrere Jahre in ein Kloster im Himalaya oder auf eine einsame Insel in der Südsee verschwinden sollst. Sollte dies allerdings eine Option sein – umso besser; nur hat eben nicht jeder die Möglichkeit, sich für mehrere Monate oder Jahre aus seinem Alltag auszuklinken. Und selbst eine kurze Auszeit von einem Monat oder sogar nur einer Woche kann – wenn sie sinnvoll gefüllt ist – wahre Wunder wirken.

Reisen – das bedeutet Leben, Abenteuer, neue Eindrücke, neue Horizonte. Wenn Du reist, durchlebst Du die gesamte Skala an Gefühlen – von höchstem Glück bis hin zu tiefster Frustration und Hilflosigkeit. Du wächst über Dich hinaus, denn fremde Länder bedeuten ganz neue, unbekannte Herausforderungen, denen Du Dich stellen musst. Es gibt wenige Gelegenheiten, bei denen Du Dich selbst so gut kennenlernst wie auf einer Reise!

Vielleicht denkst Du jetzt, ein Selbstfindungstrip führt Dich zwangsweise in die tiefe Einsamkeit des Regenwalds oder der Sahara. Kann natürlich sein, muss aber nicht. Du kannst auch zu Dir selbst finden, wenn Du Dich während Deiner Reise unter Menschen begibst, die Dich inspirieren und Dir ganz neue Sichtweisen aufzeigen können.

Welcher Ort für Dich der richtige für einen Selbstfindungstrip ist, kannst nur Du für Dich entscheiden. Damit Dir die Entscheidung ein bisschen erleichtert wird, habe ich Dir zwölf Vorschläge für eine Reise zu Dir selbst zusammengestellt.

Kapitel 13
Die zwölf besten Destinationen für einen Selbstfindungstrip

Der Klassiker – Pilgern auf dem Jakobsweg

Der Jakobsweg, der „Camino de Santiago", ist populär wie nie. Hape Kerkeling ist ihn gegangen und hat über diese Erfahrung den Bestseller „Ich bin dann mal weg" geschrieben. Auch andere bekannte Persönlichkeiten wie Paulo Coelho haben sich mit diesem Pilgerweg beschäftigt, und der berührende Hollywood-Film „Dein Weg" hat ihn auf der Leinwand weltbekannt gemacht.

Die Gründe, den Jakobsweg zu wandern, sind vielfältig, und die am häufigsten genannten sind:

- Ich möchte zu mir selbst finden bzw. mich selbst besser kennenlernen.

- Ich möchte lernen, mit mir allein zu sein.

- Ich möchte einmal ein ganz neues Abenteuer erleben.

- Ich gehe den Weg aus Glaubensgründen.

- Ich möchte meine Berufung finden.

- Ich habe eine Trennung/Scheidung zu verarbeiten.

Der Jakobsweg ist eine Herausforderung. Es gehört eine ganze Menge Mut dazu, für mehrere Wochen die eigene Komfortzone zu verlassen und sich – nur mit dem Nötigsten versorgt – auf eine anstrengende Wanderung zu begeben. Und doch werden es von Jahr zu Jahr mehr, die den Jakobsweg laufen, und viele davon sind sogar „Wiederholungstäter".

Viele, die diesen Pilgerweg schon einmal oder sogar mehrmals gegangen sind, sprechen von dem ganz eigenen Zauber, der diesen Weg umgibt.

Einer ganz besonderen Magie, die Jahr für Jahr Tausende von Pilgern anzieht, diesen eindrucksvollen Weg zu gehen. Im Jahr 2016 waren es bereits über 250.000 Menschen, die am Ende des Jakobswegs die berühmte Kathedrale in Santiago de Compostela erreicht hatten.

Es gibt übrigens nicht nur einen Jakobsweg – es gibt mehrere Routen, die durch Spanien, Frankreich und Portugal verlaufen. Der bekannteste und am häufigsten gelaufene ist der Camino Francés, der in St. Jean Pied de Port, einem kleinen Dorf an der französisch-spanischen Grenze, beginnt und in Santiago de Compostela endet. Diese Strecke hat eine Länge von mehr als 800 Kilometern, und der durchschnittliche Wanderer benötigt hierfür zwischen fünf und sechs Wochen.

Unterwegs warten auf den Pilger ausreichend Pilgerherbergen mit einfachen, aber gut ausgestatteten Unterkünften. Das Wegprofil zeichnet sich durch relativ kurze, „machbare" Strecken aus, was den Jakobsweg besonders für „Pilgeranfänger" interessant macht. Aber auch erfahrene Pilger gehen den Weg immer wieder gerne. Nicht umsonst heißt es „einmal Pilger – immer Pilger". Nicht wenige sagen sogar, dass der Weg einen auch nach der Reise weiter begleitet, und manche gehen sogar so weit zu behaupten, der eigentliche „Weg" beginne erst nach der Rückkehr – nämlich dann, wenn der Pilger beginnt, die Erlebnisse zu verarbeiten und in seinen Alltag zu integrieren.

Spirituelles Indien

Ebenfalls ein Klassiker unter den Zielen für einen Selbstfindungstrip ist Indien. Denn es gibt kaum ein Land, das wir mehr mit innerer Einkehr und Spiritualität verbinden wie den Subkontinent. Und es gibt wohl nirgendwo auf der Welt mehr Möglichkeiten, spirituelle Übungen wie Yoga oder Meditation – die ja letztlich nichts anderes als eine Reise ins innere Ich darstellen – zu erlernen und zu praktizieren wie in Indien.

Sehr beliebt ist beispielsweise der Aufenthalt in einem Yoga Ashram. Vielleicht denkst Du jetzt, Dich erwartet ein luxuriöses Wellness-Retreat mit entspannenden Anwendungen und hin und wieder mal ein paar Yoga-Übungen. Weit gefehlt! Das Wort Ashram kann am besten mit „Ort der Anstrengung" übersetzt werden, und dies trifft es ziemlich gut. Der Tag beginnt sehr früh, meist schon um 05:30 Uhr, und ist streng durchstrukturiert mit Yogaklassen, Meditationsübungen und anderen Programmen.

Bei einem Ashram handelt es sich um ein Yogazentrum, in dem meist Lehrer und Schüler gemeinsam wohnen mit dem Ziel, dass die Schüler ein tiefes spirituelles Verständnis erlangen. Die Lehrer werden Yogis, der Leiter des Ashrams wird Guru genannt. Der Aufenthalt in einem Ashram ist eine hervorragende Möglichkeit, Yoga auf ganzheitliche Weise zu erlernen.

Das Leben in einem indischen Ashram ist einfach, wobei jeder Ashram seinem eigenen Tagesablauf folgt. Der Wecker klingelt in der Regel zwischen 5 und 6 Uhr am Morgen und beginnt direkt mit Yoga- und Meditationsübungen. Erst danach wird das Frühstück eingenommen. Dieses ist, wie das Essen im Ashram generell, sehr gesund und immer vegetarisch oder vegan – wusstest Du übrigens, dass fast 40 Prozent der Inder Vegetarier sind? Nach dem Frühstück folgen diverse Vorträge, Vorlesungen und natürlich immer wieder Meditations- und Yogaklassen. Das Tagsprogramm endet meist gegen 20 Uhr.

Selbstverständlich gibt es auch Freizeit. Ein Ashram ist kein Gefängnis, und wer ihn gelegentlich für ein paar Stunden verlassen möchte, um den Ort und die Umgebung zu erkunden, kann dies selbstverständlich tun. Aber auch innerhalb des Ashrams gibt es ausreichend Möglichkeiten, etwas Zeit außerhalb des Programms zu verbringen. So verfügen die meisten über eine Bibliothek, Aufenthaltsräume mit allerlei Unterhaltung und einen Garten. Oft findet in einem Ashram einmal wöchentlich ein Schweigetag statt. Dieser dient der besonderen inneren Einkehr und hilft den Schülern, sich anschließend noch intensiver auf die Übungen zu konzentrieren.

Wer auf seinem Selbstfindungstrip nicht ausschließlich „arbeiten" will, für den bietet sich an, eine Indienreise mit ein paar Tagen in einem Ashram zu krönen. Zwar sind im ganzen Land Ashrams zu finden, eine besonders große Auswahl bietet jedoch die Stadt Rishikesh, die den Beinamen „Yoga-Hauptstadt der Welt" trägt.

Eine weitere Möglichkeit, in Indien zu sich selbst zu finden, ist ein Vipassana-Meditationsretreat. Dies ist jedoch nur etwas für „Hartgesottene", denn es geht hier ausschließlich um das Meditieren – bis zu zwölf Stunden am Tag! Mitten in der Nacht klingelt der Wecker, und die Schüler starten auch schon mit der ersten Meditation. Es wird nur wenig geschlafen und auch nicht allzu üppig gegessen. Eine weitere Herausforderung ist das manchmal stundenlange Ausharren in einer Position, oft bis an die Grenze der Leidensfähigkeit. Dazu kommt, dass während der gesamten Zeit des Aufenthalts im Retreat eine konsequente Schweigepflicht besteht.

Doch auch jenseits von Yoga und Meditation ist Indien eine tolle Erfahrung für jeden, der auf der Suche nach sich selbst und dem Sinn des Lebens ist. Das Land ist einfach unglaublich vielfältig und inspirierend – von den imposanten Gipfeln des Himalayas über langgestreckte Teeplantagen, prachtvolle Maharadscha-Paläste und pulsierende Metropolen bis hin zu den wunderschönen tropischen Stränden von Goa und Kerala. Noch relativ unbekannt, aber traumhaft schön und noch weitgehend verschont vom Tourismus ist die Inselgruppe der Andamanen und Nikobaren, die alle begeistert, die sich trotz der etwas schwierigen Anreise dorthin wagen.

Wofür Du Dich auch entscheidest – eine Reise nach Indien ist mit Sicherheit eine sehr bereichernde Erfahrung, die Dir helfen wird, Dich auf Dich zu konzentrieren und Dich besser kennenzulernen. Du wirst in diesem faszinierenden Land Antworten auf viele Deiner Fragen finden und nach Deiner Rückkehr ganz sicher wissen, was gut und richtig für Dich ist.

Stressentzug pur in den Alpen

Sieh, das Gute liegt so nah! Du musst für einen Selbstfindungstrip nicht unbedingt stundenlang im Flieger sitzen. Passende Orte dafür findest Du auch mehr oder weniger vor der Haustür – beispielsweise in einer abgelegenen Hütte in den Alpen. Zwei Wochen in der Abgeschiedenheit dieser grandiosen Natur können ausreichen, um bei Dir selbst anzukommen. Such Dir dazu eine möglichst einsame Hütte, in der Du garantiert in diesen vierzehn Tagen keiner Menschenseele begegnen wirst. Es kann eine Herausforderung sein, so eine lange Zeit ganz allein mit Dir selbst zu sein – aber Du wirst sehen, wenn Du Dich ihr stellst, wirst Du am Ende eine Menge über Dich selbst erfahren haben. Nutze die Zeit, um viel zu wandern, im Grünen zu picknicken, ausreichend zu schlafen, einfach mal eine Weile an einem Gebirgsbach zu sitzen, viel zu lesen und nachzudenken.

Vielleicht ist Dir diese Art eines Selbstfindungstrips ein bisschen zu einsam? Dann gibt es Alternativen. Eine davon ist, eine Weile auf einer Almhütte zu arbeiten. Ob ehrenamtlich oder mit Bezahlung – fürstlich entlohnt wirst Du auf jeden Fall; denn wer kann schon von sich behaupten, an seinem Arbeitsplatz einen spektakulären Blick über atemberaubende Berggipfel und liebliche Täler genießen zu können? Der Alltag auf der Hütte kann mitunter ganz schön hart sein, aber glaube mir, körperliche Arbeit kann unglaublich befreiend sein, besonders dann, wenn Du die feste Struktur eines Bürojobs gewohnt bist. Die wundervolle Natur um Dich herum und die Arbeit mit Tieren werden Dich Deinen Alltag zu Hause sehr schnell vergessen lassen. Hier oben in der Heidi-Idylle ist die Welt noch in Ordnung!

Eine gute Möglichkeit des Selbstfindungstrips in den Alpen ist auch eine Wanderung. Entweder Du nimmst Zelt, Schlafsack und Isomatte mit und schlägst Dein Lager auf, wo immer es Dir gefällt. Oder Du wanderst von Hütte zu Hütte, dann wirst Du den größten Teil Deiner Zeit allein mit Dir verbringen, aber Dich sicher freuen, hin und wieder mal auf einen anderen Wanderer zu treffen, mit dem Du Deine Erfahrungen austauschen kannst. Beim <u>Alpenverein</u> findest Du gute Vorschläge für abwechslungsreiche Hüttenwanderungen.

Magisches Island

Wenn Du in Ruhe und Abgeschiedenheit zu Dir selbst finden willst und dabei keinen Wert auf Strandwetter legst, dann ist Island vielleicht das richtige Ziel für Dich.

Island ist in jeder Hinsicht besonders. Laut dem Globalen Friedensindex ist die Insel im nördlichen Atlantik das friedlichste Land der Welt. Es gibt hier keine Armee, keine Marine und keine Luftwaffe. Eine Polizei gibt es zwar, jedoch tragen ihre Bediensteten keine Waffen. Die Kriminalitätsrate ist in Island verschwindend gering. So ist es beispielsweise gang und gäbe, dass isländische Mütter ihre Babys beim Einkaufen unbeaufsichtigt im Kinderwagen vor dem Laden abstellen.

Die isländischen Sagen und Märchen über Elfen, Feen und Trolle sind schon sehr alt und werden von Generation zu Generation weitergegeben. Und mehr als die Hälfte aller Inselbewohner glaubt fest daran, dass Feen, Elfen und andere wundersame Naturwesen tatsächlich existieren.

Das wahrscheinlich Schönste und Beeindruckendste an Island ist die grandiose Natur. Es gibt hier bizarre Felsformationen, mächtige Vulkane, Geysire und spektakuläre Küstenlandschaften. Islands Natur ist einfach atemberaubend – so vielfältig und traumhaft schön, dass Menschen sich schon seit Jahrhunderten von dieser Landschaft haben beeindrucken und inspirieren lassen.

Wenn Du zum Zwecke der Selbstfindung lieber mit Dir allein sein möchtest, bist Du gut beraten, wenn Du Dir ein Häuschen nicht allzu nah an der touristisch stark frequentierten Ringstraße mietest. Die Halbinsel Snaefellsnes könnte da eine gute Idee sein, hier sind Ruhe und Abgeschiedenheit garantiert. Allerdings musst Du in Kauf nehmen, dass Du mindestens 30 Minuten zum nächsten Supermarkt oder Restaurant brauchen wirst. Dafür hast Du Island fast für Dich – und das ganz besonders in den Monaten der Nebensaison. Genieße diese einzigartige Insel bei ausgiebigen Wanderungen und Strandspaziergängen und entspanne hin und wieder in einem der zahlreichen Hot Pots, von denen sich die meisten mitten in der Natur befinden. Oder wie wäre es einmal mit einer Vulkanbesteigung oder einem Ritt auf einem typischen Islandpferd durch die magische Landschaft?

Innere Einkehr in einem Kloster

Oder wie wäre es mit einem Aufenthalt in einem Kloster? Schon viele Suchende haben sich zeitweise hinter die dicken Mauern eines Ordens zurückgezogen und kamen als anderer Mensch zurück. Klöster gelten seit jeher als Kraftorte, als Orte der Besinnung und der Einkehr. Für viele Menschen stellt es eine große Faszination dar, eine Weile an dem so radikal anderen Lebensstil der Klosterbewohner teilhaben zu dürfen. Die Ruhe, das eindrucksvolle Gebäude, der freundliche und unaufgeregte Umgang miteinander, die vorgegebene Tagesstruktur und die gelebte Spiritualität können einen Klosteraufenthalt zu einem spannenderen Erlebnis machen als eine Kreuzfahrt in der Karibik. Wer diese Erfahrung einmal gemacht hat, kommt fast immer gerne wieder.

Klöster hüten mit ihren jahrhundertealten Traditionen jede Menge Geheimnisse und Weisheiten. Trotz ihrer recht bescheidenen Lebensweise bergen sie große Schätze; man denke nur an die frischen Früchte und Heilkräuter aus dem Klostergarten, den selbst hergestellten Wein oder das selbst gebraute Bier.

Viele Klöster verfügen über einen Gästebereich, in dem sie Interessierten einen individuellen Aufenthalt für eine Auszeit zur Verfügung stellen. Hierbei können Standards und Ausstattungen der Zimmer sehr unterschiedlich ausfallen – eine einfache Kammer gegen einen Obolus ist ebenso möglich wie ein komfortables Zimmer auf dem Niveau eines Hotels – und auch zu einem ähnlichen Preis. Klöster und Häuser der Stille sind meist an schönen idyllischen Orten mit viel Natur in der Nähe gelegen. Trotzdem können sie in der Regel auch per Bahn oder Bus erreicht werden.

Für eine Kloster-Auszeit gibt es verschiedene Möglichkeiten. Möchtest Du lieber mit Dir allein sein, wirst Du wahrscheinlich die Zeit viel intensiver erleben. Deshalb sind die meisten Gästezimmer in einem Kloster auf Einzelpersonen eingestellt. Manche bieten allerdings auch Doppelzimmer für Stille und Einkehr suchende Paare.

Eine andere Variante für einen Klosteraufenthalt ist die Teilnahme an einem mehrtägigen Seminar oder einer Schulung zu einem bestimmten Thema. Diese können unter anderem sein

- Einkehr und Besinnung

- Fasten und Gesundheit

- Achtsamkeit und Meditation

- Exerzitien

- Kreative Seminare, z.B. Malen oder Schnitzen

- jahreszeitliche Themen wie Advent oder Karwoche

Hier gibt es meistens feste Termine und ein vorgegebenes Programm. Diese Variante einer Auszeit ist besonders geeignet für Kloster-Neulinge und für solche, die auf ihrem Selbstfindungstrip weniger die Einsamkeit, sondern mehr die Gesellschaft Gleichgesinnter und Input von außen suchen. Viele <u>katholische und evangelische Klöster</u> in allen Teilen Deutschlands bieten sehr vielfältige und abwechslungsreiche Programme an.

Wüste und unendliche Weiten in Namibia

Namibia ist ein echtes Sehnsuchtsziel und ein Ort von fast unwirklicher Schönheit. In der Namib-Wüste bietet sich Dir je nach Lichtverhältnissen und Tageszeit ein Spektakel der verschiedensten Farben: von hellem Gelb über kräftiges Orange bis hin zu tiefem Rot. Und was diese Wüste zu etwas ganz Besonderem macht: Sie ist weltweit eine der ganz wenigen Wüsten, die direkt an den Ozean grenzen – ein fast paradoxer Kontrast, der Dich mit Sicherheit faszinieren und zu ganz neuen Ideen inspirieren wird.

Erkunde Namibia am besten in einem Mietwagen, und die beste Wahl hierfür ist ein Geländewagen, der Dir ermöglicht, auch durch die Wüste und weniger gut zugängliches Gelände zu fahren. So bist Du unabhängig und kannst, wo immer es Dir gefällt, Dein Zelt auf dem Wagendach aufschlagen. Und die beste Idee ist, das Auto einmal für ein paar Tage stehenzulassen und eine mehrtägige Wanderung durch die Wüste zu unternehmen. Bei einer solch intensiven Erfahrung werden Dir ganz sicher jede Menge neue Ideen kommen.

Göttliches Bali

Nicht umsonst trägt Bali den Beinamen „Insel der Götter". Jeder, der die kleine indonesische Insel schon einmal besucht hat, wird mir recht geben: Bali hat etwas Magisches, es verändert seine Besucher und fast alle zieht es immer wieder dorthin. Auch mir ergeht es nicht anders. Bali ist einfach ein ganz besonderer Ort. Und zwar einer mit vielen Gesichtern: Da gibt es Ubud, das spirituelle Zentrum der Insel, da gibt es ausgedehnte Reisterrassen und undurchdringlichen Regenwald im Inselinneren, und da gibt es natürlich traumhaft schöne exotische Strände.

Nur Kuta und Umgebung würde ich Dir raten zu meiden, wenn Du Dich auf einem Selbstfindungstrip befindest. Die Massen an Touristen, die vielen Geschäfte und italienischen Restaurants machen den Ort beliebig und austauschbar.

Am besten mietest Du Dir einen Roller und erkundest Bali auf eigene Faust. Du wirst auf Deinen Wegen immer wieder auf beeindruckende hinduistische Tempel stoßen, und auch der Dschungel mit seinen wilden Tieren und das satte Grün der Reisfelder werden Dich mit Sicherheit inspirieren. Etwas Hippie-Feeling gibt es am Strand von Canggu, wo Du mit einem Bier oder Cocktail in der Hand den Surfern zusehen und wunderschöne Sonnenuntergänge bestaunen kannst.

Suchst Du nach spirituellen Erfahrungen, dann ist Ubud die richtige Adresse für Dich. In dem Ort selbst gibt es mehrere Heiler- und Yogazentren und ausgezeichnete vor allem vegetarische und vegane Restaurants. Fernab der klassischen Schulmedizin kannst Du in Ubud sehr viel über körpereigene Abläufe und Energien und Möglichkeiten der Selbstheilung Deines Körpers lernen.

Aber Du musst Dich auf Bali nicht einmal in einen Tempel oder ein spirituelles Zentrum begeben. Auf der Insel dient fast jedes Haus als Tempel, und der tiefe Glaube der Balinesen an Götter und Geister ist an jeder Ecke spürbar. Dies äußert sich in ihrer ganz besonderen Ausstrahlung und nicht zuletzt in ihrer außerordentlichen Freundlichkeit und Gastfreundschaft.

Worauf auch immer Dein Schwerpunkt bei Deinem Bali-Trip liegt – Du wirst dort einen völlig neuen Blick auf das Leben geschenkt bekommen, und zwar einen, den man in der westlichen Welt immer weniger kennt.

Abenteuer und Adrenalinkick in Neuseeland

Nicht umsonst wird Neuseeland als das „schönste Ende der Welt" bezeichnet. Weiter weg von Deiner alltäglichen Routine kannst Du kaum fliehen! In Neuseeland kannst Du komplett loslassen und Dich voll und ganz auf Dich selbst konzentrieren. Es gibt kaum ein Land, in dem Du so viele Abenteuer erleben kannst wie auf der Nord- und Südinsel Neuseelands.

Ob beim Schwimmen mit Delfinen im Meer, bei einem Fallschirmsprung aus einem Flugzeug über den Remarkables oder einer Kajaktour durch die eindrucksvollen Marlborough Sounds – in Neuseeland kannst Du auf jeden Fall Deine Probleme und Alltagssorgen vergessen und Dich ganz neu erfinden.

Die Schönheit der Landschaft und die Freundlichkeit und Gastfreundschaft der Neuseeländer suchen ihresgleichen. Meine Empfehlung ist, das Land auf einem Roadtrip mit dem Motorrad oder einem Wohnmobil zu erkunden. Allerdings ist Neuseeland kein Ziel für eine Woche, mindestens einen Monat Zeit solltest Du mitbringen, wenn es sich lohnen soll, nach Möglichkeit sogar sechs bis acht Wochen oder noch länger.

Als Freiwilliger in den brasilianischen Regenwald

Wie wäre es, zu einem Selbstfindungstrip in eines der interessantesten und vielfältigsten Länder der Erde aufzubrechen und dabei gleichzeitig etwas Gutes zu tun? Ganz sicher wird ein Freiwilligendienst im Amazonas-Regenwald Dich erden und Dir (wieder) vor Augen führen, was wirklich wichtig ist im Leben.

Der Regenwald des Amazonas ist die „Lunge des Planeten" oder auch unsere wahre „Mutter Natur". Er erstreckt sich in Südamerika auf fast sechs Millionen Quadratkilometer, von denen mehr als 60 Prozent auf Brasilien entfallen, und der Rest sich auf Peru und Venezuela verteilt. Nirgends auf der Welt gibt es eine solch reiche Artenvielfalt wie im Amazonas, allein ein Drittel des gesamten Vogelbestandes der Erde sowie mehr als 500 Säugetier- und 300 Reptilienarten sind hier zu Hause. Damit ist der Amazonas-Regenwald das bedeutendste Ökosystem unseres Planeten, und wenn Du Dich hier für ein paar Wochen engagierst, tust Du etwas sehr Wertvolles für das biologische Gleichgewicht und die Umwelt und – wer weiß? – nimmst eine solche Auszeit vielleicht auch zum Anlass, Deinem Leben eine komplett neue Wendung zu geben.

Hier noch ein paar erstaunliche Fakten über den Amazonas-Regenwald, die Du garantiert noch nicht kanntest:

- Es sind maximal zwei Prozent des Sonnenlichts, die am Boden des Regenwalds ankommen. Grund hierfür sind die vielen dichten

Bäume, die das Sonnenlicht abhalten und damit dafür sorgen, dass es immer feucht ist und nie richtig hell wird.

- Der Dschungel um den Amazonas besitzt eine Fläche, die so groß wie 42 der 50 US-Bundesstaaten und doppelt so groß wie Indien ist.

- Im Regenwald gedeihen ca. 3000 essbare Früchte, von denen jedoch nur etwa 200 bekannt sind.

- Regenfall und Temperatur sind hier das ganze Jahr über weitgehend konstant. Es gibt einen größeren Temperaturunterschied zwischen Tag und Nacht als zwischen den verschiedenen Jahreszeiten!

- Der Boden der Region kann maximal zwei Jahre genutzt werden, dann eignet er sich nicht mehr für den Anbau. Dies ist auch der Grund, warum am Amazonas so viel Brandrodung betrieben wird – bei der leider viel zu oft über das Ziel hinausgeschossen wird.

Die erwähnte Abholzung im brasilianischen Regenwald stellt ein großes Problem dar, das durch die langanhaltenden Brände noch weiter verschärft wird. Deswegen wird in der Region jede helfende Hand gebraucht, um dieses einzigartige Ökosystem auch für unsere Nachkommen erhalten zu können. Für die Freiwilligenarbeit im brasilianischen Regenwald gibt es unterschiedliche Möglichkeiten. Solltest Du Interesse haben, Dich als Freiwilliger in die Wiederaufforstung einzubringen, könnte Deine Aufgabe möglicherweise darin bestehen, Samen gefährdeter Baum- und Pflanzenarten anzupflanzen und gleichzeitig schädigende Pflanzen zu entfernen. Vielleicht möchtest Du aber lieber mit Tieren arbeiten? Auch hier gibt es ausreichend Möglichkeiten, wie beispielsweise das Beobachten, Registrieren und Aufpäppeln gefährdeter Tierarten mit dem Ziel, diese, sobald dies möglich ist, wieder in ihren natürlichen Lebensraum zu entlassen.

Natur pur in Kanada

Zeit, Raum, Stille und unendliche Weiten – das findest Du in Kanada. Und Du hast hier phantastische Möglichkeiten, völlig frei von Luxus, auf Dich allein gestellt, sozusagen „am Herzen der Natur" zu entschleunigen und einmal ganz tief in Dich hineinzuhorchen.

Weißt Du, dass es in Kanada mehr Binnengewässer gibt als in allen anderen Ländern der Welt insgesamt? Was bietet sich da mehr an als eine Kanu- oder Kajaktour? Man sagt, den Kanadiern wird der Umgang mit einem Paddel in die Wiege gelegt. Kajaks und Kanus sind hier seit jeher traditionelle Fortbewegungsmittel, und das Land ist von zahlreichen jahrhundertealten Bootsrouten durchzogen. Diese nutzten bereits die nordamerikanischen Ureinwohner, um von einer Siedlung zur anderen zu gelangen, und später die Pelzhändler, um ihre Ware von Ost nach West und zurück durch dieses riesige Land zu transportieren.

Kanada auf dem Wasser zu bereisen, hat einen ganz besonderen Reiz. In den Provinzen Manitoba, Ontario und in den Northwest Territories kann man historische Flüsse auf den Spuren der früheren Pelzhändler befahren, in Neufundland um Eisberge herum paddeln, während es in der Bay of Fundy den höchsten Tidenhub der Welt zu bestaunen gibt.

Ein beliebtes Revier für Kanuten und Kajakfahrer ist auch der mächtige St. Lorenz Strom, der im Ontariosee entspringt, sich seinen Weg auf über 1200 Kilometern durch Ostkanada bahnt, bis er schließlich zwischen Nova Scotia und Neufundland in den Atlantik mündet. Lass Dich ein Stück dieses Stromes treiben, durch wundervolle Landschaft, vorbei an Inseln und Stromschnellen; und ganz sicher begegnen Dir auf Deiner Reise Kormorane, Adler, Fischotter und vielleicht sogar einmal der eine oder andere Bär. Wo es Dir gerade gefällt, schlägst Du Dein Zelt auf und bereitest Dir ein gesundes Mahl – mit etwas Glück mit einem selbstgefangenen Fisch. Das Letzte, das Du vor dem Einschlafen sehen wirst, ist ein klarer Sternenhimmel. Ursprünglicher und näher an der Natur geht nicht!

Lappland - ein Wintermärchen

Dem kalten deutschen Schmuddelwinter entfliehen und stattdessen in Thailand, Florida oder auf Fuerteventura in der Sonne brutzeln? Schön und gut, aber das ist doch etwas für Anfänger! Eine viel größere Herausforderung und eine ganz einmalige Erfahrung ist es, wenn Du Dich in den hohen Norden aufmachst – und das am allerbesten im Winter! Für Menschen, die auf der Suche sind und besonders auf der Suche nach sich selbst, ist Lappland zu jeder Jahreszeit ein tolles Ziel – und das vor allem in den kalten Monaten.

Hier findest Du Ruhe und Stille, ein uriges, gemütliches Holzhäuschen mit einer Sauna, mit einem Kamin und einem gemütlichen Sessel mit viel Zeit zum Lesen. Und da draußen wartet auf Dich ein echtes Winterwunderland! Pack Dich richtig warm ein und erkunde die Umgebung auf einem Hunde- oder Rentierschlitten. Wenn Dir das nicht schnell genug geht – keine Angst, es gibt auch motorisierte Schlitten, auf denen Du die magische Landschaft nur so an Dir vorbeifliegen sehen kannst.

Aber auch etwas eigene Bewegung wird Dir gewiss nicht schaden. Schnall Dir also die Ski unter die Füße und begib Dich auf die Piste! Oder dreh auf einem zugefrorenen See ein paar Pirouetten auf Schlittschuhen. So vergeht der Tag im Nu, dann geht es fix in die Sauna, und schließlich wartet am Abend ein prasselndes Kaminfeuer und Kerzenlicht in Deiner gemütlichen Behausung.

Reist Du im Winter in den Norden Skandinaviens, hast Du die besten Chancen, eines der schönsten und spektakulärsten Naturschauspiele überhaupt bewundern zu können – die Aurora borealis, besser bekannt als Polarlicht. Die beste Zeit für Polarlichter ist der Zeitraum zwischen Oktober und März. Meist erscheinen die Lichter in einem leuchtenden Grünton, aber auch violettes, gelbes und rosa Licht ist häufig zu beobachten. Jeder, der einmal in der unendlichen schneebedeckten Weite Lapplands stand und die Aurora Borealis sehen durfte, wird dieses Erlebnis garantiert nie wieder vergessen. Nichts macht glücklicher, nichts macht demütiger, nichts bringt uns unserem Inneren Ich näher als die Natur in ihrer unendlichen Schönheit bewundern zu können.

Heiliges Israel

Ich bin in meinem Leben viel gereist und habe viele tolle, beeindruckende Länder gesehen. Aber von allen meinen Reisen war Israel das Land, das mich am allermeisten fasziniert und geprägt hat. Weißt Du, dass Israel-Reisende alle eines gemeinsam haben? Alle berichteten, dass sie, sobald sie den Boden des „Heiligen Landes" betraten, das Gefühl hatten, „nach Hause" zu kommen. Und dabei handelte es sich keinesfalls um Fundamentalisten oder religiöse Fanatiker – das waren ganz normale Reisende, manche davon Christen, manche Atheisten, andere wieder Buddhisten oder Agnostiker. Israel hat einfach eine Faszination, der sich niemand entziehen kann.

Vielleicht ist auch für Dich Israel das richtige Ziel, um Deine Wurzeln zu erspüren und Dich selbst zu finden? Begib Dich auf eine inspirierende Reise durch 3000 Jahre Geschichte und komm dabei bei Dir selbst an! Israel bietet auf sehr kleinem Raum – es ist gerade mal so groß wie das Bundesland Hessen – eine landschaftliche Vielfalt, die ihresgleichen sucht. Zieht es Dich ans Wasser, hast Du die Wahl zwischen Mittelmeer, Rotem Meer und Totem Meer. Wobei letzteres ja eigentlich ein See ist, und zwar mit einem Salzgehalt von ca. 30 Prozent der salzhaltigste der Erde. Zum Vergleich: das Mittelmeer enthält etwa drei Prozent Salz. Und noch einen weiteren Rekord kann das Tote Meer für sich verbuchen: Es befindet sich auf einer Höhe von etwa 400 Metern unter dem Meeresspiegel und gilt damit als tiefster Punkt der Erde. Ein Bad in diesem Gewässer ist ein unvergessliches Erlebnis – und nein, man geht WIRKLICH nicht unter. Eine gründliche Dusche anschließend ist allerdings Pflicht.

Aber Israel hat landschaftlich viel mehr zu bieten – von den imposanten Wüsten Negev und Judäa über die liebliche, fruchtbare Gegend um den See Genezareth bis hin zu den schneebedeckten Gipfeln des Golan.

Beeindruckender als die Landschaft jedoch sind Geschichte und Kultur dieses einzigartigen Landes. Hier kannst Du eintauchen in mehrere Jahrtausende alte Kulturen – Judentum, Christentum und Islam haben hier ihre Wurzeln. Hier prallen Welten aufeinander, die sich manchmal bekämpfen, aber oft genug auch friedlich und harmonisch koexistieren.

Höhepunkt einer jeden Israel-Reise ist zweifellos ein Besuch Jerusalems – der vielleicht faszinierendsten und vielfältigsten Stadt der Welt, die gleich alle drei Weltreligionen als „ihr" Heiligtum betrachten. Natürlich musst Du einen Zettel mit einem Gebet in der Klagemauer verstecken, den imposanten Felsendom besichtigen und den Blick über Stadt und Umland vom Ölberg aus genießen. Aber auch das moderne, quirlige, kreative Tel Aviv ist einen Abstecher wert – man kann sich wohl kaum einen größeren Gegensatz zwischen den beiden größten und bedeutendsten Städten des Landes vorstellen.

Und auf jeden Fall wirst Du Dich an den Kraftorten des Landes aufhalten, an denen Jesus, Abraham, Moses und die Könige David und Salomon gelebt und gewirkt haben – wie Kapernaum, Bethlehem, Hebron oder Nazareth. Noch heute ist hier eine ganz eigene Energie spürbar. Eines verspreche ich Dir – eine Israel-Reise wird Dich und Dein Leben für immer verändern!

Schlusswort

Wir leben in einer Welt, die sich ständig verändert und die uns so viele Möglichkeiten bietet wie noch nie. Ständig berieseln uns irgendwelche Reize, und nur selten können wir uns lange Zeit mit etwas beschäftigen, ohne abgelenkt zu werden. Da ist es eine ganz schöne Herausforderung, den richtigen Fokus auf uns selbst zu behalten. Im stressigen Alltag, der beruflich, privat und sozial immer höhere Anforderungen an uns stellt, verlieren wir oft den Blick auf das, was uns wirklich ausmacht und uns wichtig ist im Leben. Viele Menschen schaffen es nicht, einen Zugang zu sich selbst aufzubauen oder sie verlieren ihn wieder. Höchste Zeit, sich auf den Weg der Selbstfindung zu begeben. Mit diesem Buch habe ich versucht, Dir das Wichtigste zu diesem Thema an die Hand zu geben.

Nun bleibt mir nur noch, Dir auf Deiner spannenden Suche nach Dir selbst viel Glück und Erfolg zu wünschen. Abschließend möchte ich Dir noch einen Spruch von Neale Donald Walsch mit auf den Weg geben:

Wer du bist, ist die wichtigste Entscheidung, die du je treffen wirst.

Empfehlungen

Du bist bereit, nun eine neue Tür in deinem Leben zu öffnen, und suchst z.B. für deinen neuen Traumberuf noch Unterstützung? Wir können dir die folgenden Ratgeber empfehlen:

https://www.amazon.de/dp/B07L2F4ZX9

Den Ratgeber findest du auf Amazon unter dem Link, direkt unter dem Buchcover oder durch Eingabe des Buchtitels: „Das Vorstellungsgespräch" im Amazon-Suchfeld.

https://www.amazon.de/dp/B07PVT6YMD

Den Ratgeber findest du auf Amazon unter dem Link, direkt unter dem Buchcover oder durch Eingabe des Buchtitels: „Die perfekte Bewerbung" im Amazon-Suchfeld.

Haftungsausschluss

Der Inhalt dieses E-Books wurde mit großer Sorgfalt geprüft und erstellt. Für die Vollständigkeit, Richtigkeit und Aktualität der Inhalte kann jedoch keine Garantie oder Gewähr übernommen werden. Der Inhalt dieses E-Books repräsentiert die persönliche Erfahrung und Meinung des Autors und dient nur dem Unterhaltungszweck. Es wird keine juristische Verantwortung oder Haftung für Schäden übernommen, die durch kontraproduktive Ausübung oder durch Fehler des Lesers entstehen. Es kann auch keine Garantie für Erfolg übernommen werden. Der Autor übernimmt daher keine Verantwortung für das Nicht-Erreichen der im Buch beschriebenen Ziele. Dieses E-Book enthält Links zu anderen Webseiten. Auf den Inhalt dieser Webseiten haben wir keinen Einfluss. Deshalb kann auf diesen Inhalt auch kein Gewähr übernommen werden. Für die Inhalte der verlinkten Seiten ist daher der jeweilige Anbieter oder Betreiber der Seite verantwortlich. Rechtswidrige Inhalte konnten zum Zeitpunkt der Verlinkung nicht festgestellt werden.

Impressum

Dennis Walter
Malterstraße 19
56070 Koblenz
dw312@web.de
1.Auflage 2020